趣谈中国史

赵大汉 著

中国法制出版社
CHINA LEGAL PUBLISHING HOUSE

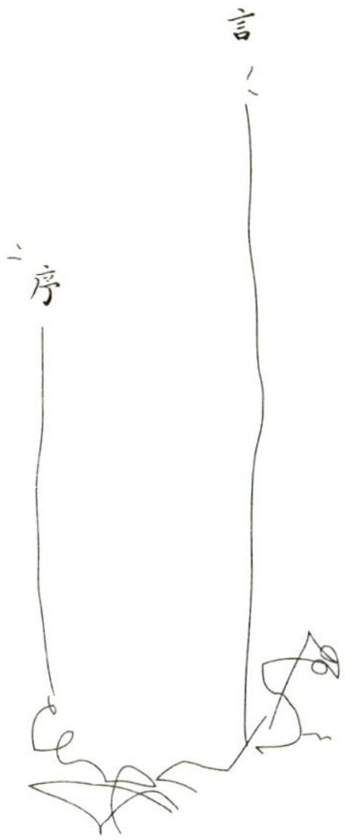

在西安市的西北方向，有一座汉长安城遗址，遗址区广袤而苍凉。

这大片的遗址曾是大汉帝国的权力核心，长乐宫、未央宫、建章宫——可能是当时世界上最宏伟的三大宫殿都矗立在此。

刘氏子孙在这里运筹帷幄，指点江山，开创和见证了文景之治、汉武盛世、昭宣中兴。

斗转星移，如今，这里只剩下西北劲烈的疾风、枯树、昏鸦和没有酒也能讲上三天三夜的诗史传奇。

历史的缩影，让我们感受到时空的力量。

其实“历史”有很多种定义，但历史的力量却被远远低估。寻找历史更通俗的精气神，感受或磅礴或温柔的力量，这也是我写这本书的初衷。

这本书写作的源起是我制作了一档音频历史脱口秀节目《秘史趣谈》，播放量和受众反馈都不错。我曾分析背后的逻辑：或许许多爱生活、有情趣，追求进步、向往美好的人都喜欢研究或者读读历史。历史有一种强大的动能，可以反作用于我们的认知、智慧和人生境界。

我所接触的受众，大多喜欢阅读，喜欢创新，不喜欢说教、教条。他们开放，自信，包容。只要你讲得对，能讲到他们心里，他们就为你点赞。你讲的内容他们不认同，也会跟你在留言区进行十几个回合的辩论。他们期待、催促你更新作品，不排除是因为有一颗八卦的心，听听鱼羊野史长长谈资，但他们更期待探知。历史上的某个时代，究竟有过怎样的血雨腥风，又有过怎样的歌舞升平。一句话，他们表面追的是历史，背后追寻的却是历史里烟火气息浓重的市井生活，即使是“八卦”，也是生活里的调味剂。

很庆幸，能被大家称为“拥有有趣灵魂”的播讲人，这是大家的抬爱。但确实，不教条、不古板，刻画人物形象走心，这是我在翻阅史料进行二次创作的遵循。这本书也一样，我把它定位为“轻历史”，即可以轻松阅读的历史。为了达到这个目的，我经常会用现在的思维和视角，去阐释大历史背景，描述主人公的内心戏，这样读起来不费劲，带入感还更强。我也努力让读者不做旁观者，不做评论者，而是和主人公一起感同身受，体会共鸣。当带着视角进入历史时，你会随主人公一起心跳、悸动、紧张或者血脉偾张，你能切实感知，历史走向改变时那千钧一发的紧张，能体会到面对生死抉择时内心的痛苦煎熬，当然也能感受到刻骨铭心的旷世爱恋……

正是这些感同身受，让我们能体会到别样人生，拥有无尽可能。正是这些感同身受，让我们变得通透、豁达，教会我们独立思考，促使我们热爱当下的生活，拥抱改变和不确定的明天。

感谢这个伟大的时代，感谢前人留下的智慧。

感谢出品方和家人的支持，感谢朋友们的鼓励。

赵大汉　于西安

2020年5月10日

帝王趣史

第一章 朕有时候很孤独

坐在龙椅上
有时候很难受

第二章 哥的传说

其实哥想低调，可实力不允许

古代男神

第三章

万万没想到

惊掉下巴，别以为古人都是土老帽

古今对比

第四章

古代人才欢乐多

生活都这么难了，还要跟自己过不去吗？

古代牛人

第五章

历史上不一样的烟火

无论你活成什么样子
都一样是主角

第六章 历史里藏着的秘密

只有知其所以然
才能让你走得更远

历史教训

第一章

朕有时候很孤独

坐在龙椅上

有时候很难受

帝王趣史

不要怀疑人生，
因为你们的人生没有
朕的刺激！

我们这一代人，都爱怀疑人生，但并不全是因为我们具有独立思考的能力，而是大风大浪经得少、见得少，抗压能力差。老江湖一定很少怀疑人生，只要天不塌下来，其他都不是事，还会觉得不刺激！

什么事才刺激？在古代，最刺激的莫过于皇权的争夺，那可真是血雨腥风，胜者为王，败者为寇，脑袋都是直接系在裤腰带上。这么看来，能坐在皇帝宝座上的，大多都是老江湖。但是各位，你知道还有比老江湖更老江湖的人吗？那就是坐过一次皇帝宝座，被撸下来了，然后通过各种神操作，又一次坐上皇帝宝座的大神，你说他们的人生精彩不精彩！刺激不刺激！

纵观整个历史，曾登基两次的皇帝还挺多，比如司马衷、李显、李旦、朱祁镇等等。但就心路历程及波折起伏、刺激惊险的程度而言，李旦和朱祁镇绝对是这些人中的扛把子。说起来，这两位应该最有资格怀疑人生！

唐睿宗李旦的一生，才叫经历过大风大浪、大起大落。本来皇帝宝座跟他八竿子打不着，他只是武则天所生的第四个儿子，前面还有老大、老二、老三排队继位！可是，命运就是这么神奇。老大李弘年纪轻轻却英年早逝，有一种说法是因为亲妈谋害，另一种说法是因体弱多病而早早过世，退出了竞争行列。等待继位的老二李贤更惨，他太子当得好好的，却被亲妈给废了，最后被逼自尽。接下来是老三李显，李显也是两次登基，第一次是老爹传位给他，他也想大展宏图，可是亲妈根本不给机会，他很快就被废了。虽然说后来武则天把政权还给李氏，李显第二次登基，但他却死于韦皇后的毒手，因为结局不好，所以李贤不能算老江湖。

再接下来就是老四李旦，其实李旦第一次做皇帝时，内心没有兴奋，没有激动，只有不安、忐忑。因为前面大哥、二哥、三哥，都是活教材，顺亲妈者活，逆亲妈者死。所以他隐藏自己的抱负，隐藏自己的志向，隐藏自己对权力的渴望，而甘心看亲妈的脸色行事，那是“亲妈指哪我打哪，亲妈让我做啥我做啥”！最重要的是，他一个劲地为亲妈造势，最终成功把皇位交给了亲妈，而自己心甘情愿地由皇帝被降为太子。

李旦第二次登基的情节更曲折。亲妈武则天决定把政权还给李氏的时候，李旦是太子、第一继承人。可是那时候他三哥李显回来了，他就有意退让，最终李显再次继位。后来，因为韦皇后想效仿武则天，立李显的小儿子李重茂为皇帝，实际上自己操控政权，结果李旦的儿子李隆基和太平公主发动“唐隆政变”，直接杀了韦皇后，废掉李重茂，再次拥立李旦登基复位。可是没多久，李旦就发现皇帝宝座太危险了，太多人觊觎这个位置，儿子李隆基刚掐掉太平公主的皇帝梦，就虎视眈眈地盯着自己看。李旦一看这情形，赶紧宣布退位，让位给儿子李隆基，自己则悠哉乐哉当上了太上皇。

就这样，他一生中两次登基，却三次让天下：一让母亲，二让哥哥，三让儿子。你说刺激不刺激，精彩不精彩。但咱猜测啊，李旦内心的独白应该是：“皇帝宝座也就那样，挺硬的，还硌屁股，你们谁爱坐谁坐！”这是多么透彻的领悟啊！

还有明英宗朱祁镇，他的人生简直就是坐升降机，人生巅峰时贵为帝王，最低谷时可怜地成为俘虏。朱祁镇9岁的时候，就坐上皇帝的宝座，那时候是娃娃皇帝，啥事也不用操心。可是等长了心智，成熟了，懂事了，知道自己手上的权力拥有巨大无比的威力了，就喜欢到处嘚瑟嘚瑟。

这一年，瓦剌经常挑衅大明，骚扰边境。朱祁镇很生气，后果很严重，他决定要给瓦剌一点颜色看看。这个时候，他身边的大太监王振就怂恿朱祁镇，说皇上您这么勇猛，干吗不来个御驾亲征，来展现我们大明的威武？朱祁镇一听这话，眼睛都亮了，心想“御驾亲征正合我意，我这么帅，这么有才华，一定能取胜”。于是，不顾群臣的反对，毅然决定要御驾亲征，教训教训这些瓦剌小子。

可是，这个准备工作做得实在不扎实，朱祁镇带领的大军快到大同时，就发现供给有点不足，再加上探报说瓦剌已经在大同布下天罗地网，等待伏击明军，朱祁镇带领的明军此时军心不稳。朱祁镇就有点不想打了，他没想到御驾亲征这么辛苦，就有撤军的意思。这个时候，王振又站了出来，给朱祁镇出了一个更馊的主意，他建议朱祁镇带领大军前往蔚州然后返回京城，说这样可以避免与瓦剌正面交锋。

但其实，这里隐藏着王振的一个小九九，王振是蔚州人，他请皇帝一起回蔚州，就是给他背书，显摆显摆他混得有多好，有多厉害！本来回蔚州也没什么，可坏就坏在王振又变卦了，他担心大军踩坏蔚州的庄稼地，就又让走了一半路程的大军返回，然后从来时的路再回京城，这一下子把时间全耽误在路上了。终于，人困马乏的大军在土木堡被瓦剌的军队追赶上来，结果就悲剧了，明军惨败，朱祁镇直接成了俘虏。

这下子好了，朱祁镇成了瓦剌手里的一张王牌，瓦剌隔三差五地就勒索大明：“送点钱来，送点布来，送点好吃的来，不然我就撕票了！”刚开始这招还挺好使，瓦剌也很高兴。可瓦剌越往后越发现，勒索来的东西越来越少了，一打听才知道，大明朝换皇帝了，朱祁镇的弟弟朱祁钰已经登基了。朱祁镇知道消息后，也明白自己这辈子可能回不去了！于是，既来之，则安之。

万万没想到，因为朱祁镇情商高、为人也还算实在，做俘虏期间，竟然跟瓦剌的高层打成一片，尤其跟瓦剌的首领也先的弟弟伯颜帖木儿成了铁哥们儿。一年后，因为朱祁镇实在没有利用价值了，还白吃粮食，于是，瓦剌决定放回朱祁镇。

这下就尴尬了，大明朝一下子有了俩皇帝，虽然此时朱祁镇已经是名义上的太上皇了，但弟弟朱祁钰还是不放心，就把这个哥哥太上皇幽禁在南宫，看管起来，朱祁镇这日子比在瓦剌那里过得更悲惨。

朱祁镇以为，自己这回是真的玩完了。但是命运总会在你最绝望的时候，给你生机！在被幽禁的第八个年头，朱祁镇的命运又坐上了升降机，按了上升键，这回，他又回到了权力的巅峰。因为弟弟朱祁钰重病不起，原来的重臣就再次拥立他登基，真是天道好轮回啊！

不过，朱祁镇可能是心脏不好，因为他的命运就像过山车一样起起伏伏，太刺激了，所以37岁便结束了生命。如此说来，明英宗朱祁镇三十七年的人生中，曾前后两次继位，共计做了二十二年的皇帝，还当了一年的俘虏，并经历过八年的幽禁。这人生经历够酸爽丰富、够跌宕起伏，也是没谁了吧！

比败家，比变态，他俩是古代帝王中的『魔童降世』

历史上败家的帝王、变态的帝王很多，但是年纪轻轻就开始作妖，不仅败家还变态，这样的皇帝就不多了。下面我要说的两位皇帝就是这样的典型，他们是南朝时期的刘宋政权前废帝刘子业和后废帝刘昱。

南北朝是一个超刺激的时代，南朝历经宋齐梁陈的政权更迭。其中，刘宋政权虽然短暂，但也有过很辉煌的时刻，比如祖冲之将圆周率推演到小数点后7位，这一杰出成就领先了欧洲1000年之久。还有刘义庆的《世说新语》，现在读起来都是津津有味。可以说，刘宋政权刚开始的那一段时间还是很强盛的，但是打江山容易，坐江山不易，尤其是碰到不肖子孙，那就更容易加速国家的灭亡。

刘子业是刘宋政权的第六位皇帝，他15岁即位，17岁就被干掉了，在位虽然只有2年时间，却成了“人神共愤”的皇帝。因为他不希望任何社会规则来约束自己，什么伦理纲常、什么法令制度，都可以任意践踏。以至于他的行为，着实看傻了围观群众，因为太没有底线了！

要说刘子业的荒唐事还要从他父亲去世说起。宋孝武帝刘骏在儿子刘子业盼星星、盼月亮的期待下终于去世了。刘子业顺利坐上宝座，高兴得控制不住自己的行为。父亲的灵柩还停放在宫中，他就混到父亲的后宫逍遥，纵情饮酒享乐，全然不顾礼制和伦理纲常。等到老父亲终于可以入土为安了，刘子业突然想起来，他当太子那会儿，父亲老是责备他，于是，他竟命人要掘开父亲的墓葬。多亏有大臣奉劝，说这样做对他自己不吉利，他这才放弃。可是为了出口恶气，他竟然让人往自己父亲的陵墓上泼粪便！更让人无语的是，刘子业的母亲在刘子业父亲去世之后就卧床不起。太后自知自己的日子不多了，可这不孝子却从来不看望她。太后虽然有气，但还是想见儿子最后一面，劝他做个有作为的好皇帝，于是就派人去请刘子业。可是刘子业根本不搭理她，还说病人的房间鬼魂多，不吉利，他是不会去的！气得太后捶胸顿足，哭着喊着要拿刀子剖开自己的肚子，看看自己是怎么生出这个不孝儿的！不久，太后就给活活

将刀来，破我腹，那得生如此宁馨儿！

气死了！

就这样，没人管，也没人敢管刘子业，他更肆意妄为，与亲姐姐私通，把亲姑姑纳入后宫。各种丧心病狂的事，他全都能干得出来。最奇葩的是，为了巩固自己的政治地位，他把老爹留给自己的那些顾命大臣全杀了，又觉得自己的几个叔父会危害自己的政权，于是，他又开始想方设法整自己的这些叔父。

一次，刘子业把自己的叔父建安王刘休仁和湘东王刘彧、山阳王刘休祐召进宫。他二话不说，就把三位叔父装进竹笼里，然后统一给他们称重。原来，这三位叔父体态都比较丰腴，刘子业就借此想羞辱他们一番，他脑洞也够大，因为湘东王刘彧最重，结果刘子业就称他为“猪王”，建安王刘休仁称为“杀王”，山阳王刘休祐称为“贼王”。还有一位东海王刘祎，虽然没在刘子业跟前，但刘子业也给了他一个封号，称为“驴王”。这封号简直绝了！

但刘子业还觉得不够，一次，他命人挖了一个大泥坑，然后就把“猪王”刘彧邀请来，说请他吃大餐，结果他把刘彧脱光后五花大绑，扔进泥坑，用一个木槽盛饭，拌着各种杂草，让“猪王”刘彧像猪一样吃着槽里的食物。

当然，湘东王刘彧也不是吃素的，此时，刘子业的荒淫无道已经让文武百官愤怒至极。湘东王刘彧暗中密谋，趁着刘子业出席一次捉鬼活动时发动政变，刺杀了刘子业，自己登基上位。就这样，一个荒淫残暴、人神共愤的小皇帝结束了他的一生，被杀时年仅17岁。

各位，这世上还有一句话，叫做“没有对比就没有伤害”。你们以为刘子业已经算是变态至极，但其实，还有一个皇帝比他有过之而无不及，他就是刘彧的儿子刘昱。刘宋政权很奇诡，其开国皇帝宋武帝名叫刘裕，刚才被刘子业戏称为“猪王”的湘东王叫刘彧，他的儿子叫刘昱。有小伙伴肯定纳闷，字虽不同，但发音完全一样，他们都不避讳吗？不是历朝历代都很讲究这些吗？其实，历史上的避讳主要是将原字改为音近字。

刘昱继位的时候只有10岁。但别看他年纪小，破坏力却很大。后世甚至有人评价说，夏桀、商纣跟刘昱比起来简直就是小儿科。因为刘昱是一个杀人狂魔，他的随从身上必带三大工具。长矛、凿子、锯子。这些东西不是用来修理家具的，而是用来修理人的。无论是谁，稍有不如他意的，就会受到这些工具的“招待”。

刘昱还喜欢逛街，但他不扫“货”，只扫“活物”。什么意思呢。刘昱安排两个随从，手持长矛走在大街上，不论男女老少、猪马牛羊，只要看见活物就用长矛乱刺，刺伤得越多，刘昱就越兴奋！更令人发指的是，每当刘昱看见血流成河，尸横遍野的场景，他就越疯狂，甚至还要亲自动手杀人！简直禽兽不如！因为皇帝太差劲，整个京城大白天都没有几个人敢开门出行，晚上更是行人绝迹。好端端的一座城变成了恐怖阴森的“空城”。

外面没什么可玩的了，满足不了刘昱变态的欲望，他就只能在宫里发泄了。刘昱身边有一个很受宠的亲信，名字叫孙超。这人也不太地道，中午吃了大蒜，也不漱口，下午就伺候刘昱。刚接近刘昱，一开口说话，刘昱就赶紧捂住鼻子说：“你中午吃过大蒜！”孙超竟然狡辩说：“没吃过！”刘昱不信，竟然直接让人切开孙超的肚皮，看看肚子里究竟有没有大蒜！结果，孙超一命呜呼了！他可能从来没有想过，自己竟然会因为吃了一口蒜，就丢了性命！这故事告诉我们，吃大蒜后，一定要嚼口香糖。

察孙超有蒜气，剖腹视之。

还有一次，刘昱听说大臣孙勃家里有数不尽的金银财宝，二话不说，竟然亲自带队，跟土匪一般，冲进孙勃府邸一顿抢夺打砸。孙勃知道他们家族肯定要亡在这个暴君手里，就一把揪住小皇帝的耳朵一顿痛骂。结果孙勃被处死，之后刘昱觉得不解恨，还亲自动手给孙勃来了个千刀万剐。

不过，出来混，迟早是要还的。一天，刘昱串门到萧道成的将军府，正好萧道成在光着膀子睡午觉。刘昱一看，这大肚皮画上靶环就是箭靶，立马就准备拉弓射箭，幸好有人劝阻他，最终用没有箭头的箭射向了萧道成的大肚皮，吓得萧道成出了一身冷汗。不过，从这件事后，萧道成彻底明白刘昱是烂泥扶不上墙，再也不能辅佐这样的混世大魔王了。萧道成开始与杨玉夫等刘昱身边的人密谋，伺机除掉刘昱。因为即使是刘昱身边的人，也时刻担心下一秒自己的脑袋还会不会在肩上！

这一年的乞巧节，刘昱自己在外面浪荡完了，醉醺醺地就给杨玉夫安排了一项任务："牛郎和织女今晚有约会，你在庭院看到织女渡河，就赶紧叫我，要是没有看见，我就杀了你！"杨玉夫一听，头都炸了，五岁小孩都知道，牛郎织女鹊桥相会是个故事，这不存心让自己死吗？于是，杨玉夫把心一横，按照与萧道成之前的密谋计划，趁着刘昱睡熟潜入寝宫将其斩杀，结束了刘昱只有15岁的生命，历史上称他为后废帝。之后萧道成建立了南朝宋之后的南朝齐政权。

卌 宋仁宗离婚、再婚记

世人都有一颗八卦的心，当今社会最博人眼球的、最容易上热搜的，无非就是“各生欢喜，一别两宽”。古代其实也是这样，当时宋仁宗的爱情，就曾经轰动了整个朝野。

宋仁宗其实挺郁闷的，当初跟一位姓张的女子打得火热，两人你情我愿，感情升温很快，姓张的女子也很贤良，宋仁宗有意让其成为自己的正宫娘娘。但是，宋仁宗的养母，当时垂帘听政的刘太后冷笑了一声，批评宋仁宗幼稚。指定了一位郭姓女子做了皇后。胳膊拧不过大腿，宋仁宗虽然心里一百个不愿意，但也没有办法。

其实这事也不能怪刘太后，之所以选择郭小姐做皇后，她也是用心良苦。因为皇帝不仅仅代表个人，更是整个统治阶级的代言人，他的婚姻也绝对不是两情相悦这么简单，而是夹杂着政治、利益、权力等。

这次刘太后选中郭皇后，就是看中她身世显赫，郭皇后的祖父是北宋初年和契丹过招的郭崇威。郭家的势力在朝中一直分量很重，北宋皇室一直也有通过联姻的方式笼络重臣的传统，所以，宋仁宗和郭皇后的结合，很明显是一场政治婚姻。

他们婚后的生活除了郭皇后偶尔发发大小姐脾气之外，总体来说，还是很和谐的，皇后对宋仁宗也算是细心伺候。只是，宋仁宗的心从一开始就不在她这儿，因此他们的生活基本上就是白开水煮猪肉——没味。在宋仁宗的心里，可能跟很多人一样认为，得不到的永远是最好的。

终于这一年，刘太后撒手人寰，宋仁宗真正掌权后，就开始积极地寻找“真爱”。现在，他急需谋划如何跟郭皇后离婚，废了她的皇后。大伙儿可能会问，这还用谋划吗？皇帝不是一言九鼎吗？想换皇后，不是一句话，分分钟的事吗？

但真实的情况却没这么简单。刚才说了，皇帝不只代表他个人，他的婚姻有着政治用途和目的，更涉及国之根本，就是传位的问题。因此，皇后只要没有太大的问题，她的位子还是很稳定的，特别是朝堂上的臣子，也是天然的保皇后派，他们才不管你皇帝喜欢不喜欢，他们考虑的只有国家的稳定、皇权的稳定，你要换皇后，他们就一个劲地劝谏，甚至不惜用生命劝谏，说不定还能落下一个忠臣的美誉。所以，历来皇帝对换皇后都特别慎重。

就在这个节骨眼上，发生了这样一件事，根据元刻版《宋史全文·仁宗卷》记载，宋仁宗当时又宠幸尚美人和杨美人，尤其是这个尚美人，她心气高，也挺傲娇，经常给宋仁宗打小报告说皇后的不是。

一次，尚美人当着皇后的面向宋仁宗告状，皇后当然很生气了，老虎不发威，你当我是病猫啊！上来给尚美人就是一巴掌！宋仁宗赶紧上前护着，这下让郭皇后更生气了！再次向尚美人发动了猛烈攻击，这下可就闯祸了！郭皇后用力过猛，不小心抓到了宋仁宗的脖子，留下了一道长长的血痕！所有人都惊呆了，终于，这场老婆打架，老公倒霉的大剧落幕了！

> 一日，尚氏于上前有侵后语，后不胜忿，批其颊，上自起救之，误批上颈，上大怒。

但这件事却远远没有结束，宋仁宗自从被媳妇抓伤之后，表面看很生气，但其实内心乐开了花，因为苦于无借口休妻的他，在身边宦官阎文应的提醒下，终于找到了借口。这下，他可以借题发挥了："媳妇家暴老公啦！这日子真的过不下去了！"而且他的想法也得到了当朝宰相吕夷简的赞同，吕夷简为什么赞同，很简单，他之前跟郭皇后结过梁子，现在该报仇了！

于是，有趣的一幕发生在大宋的朝堂上，宋仁宗解开扣子，给臣子们展示被媳妇挠伤的地方，还跟大臣诉苦，郭皇后就是母老虎，太厉害！接近不得！接近不得！于是顺理成章地提出要离婚！要换皇后！宰相吕夷简第一个站出来，力挺大老板的决定，其他文武一看这情况，郭皇后确实动手了，理亏，没办法申诉啊，于是也就没人反对皇帝离婚。可怜的郭皇后，这一挠把自己的皇后位置给挠丢了，她被降为妃子！

这下，满心欢喜的宋仁宗就开始寻找新的皇后人选，而作为花花公子的他，此时早已忘记了张小姐、尚美人、杨美人……，此刻，他正陷入新相好陈氏的温柔乡里不能自拔，但陈氏有个硬伤，就是出身。他老爹不是什么达官显贵，只是一个小官，这属于严重的门不当户不对，群臣都反对。最终，宋仁宗考虑到自己的地位，也就忍痛割爱，退而求其次，选择了后来的曹皇后。

这个曹皇后可是有故事的人，她跟宋仁宗都是二婚，就是说，曹皇后之前还有一个丈夫，但这个丈夫很“仙”，在跟她拜堂成亲的当晚，就爬墙溜了，去当了道士。曹皇后的娘家人觉得非常没有面子，就把曹皇后带回娘家，算是解除了婚姻关系。

后来，竟然稀里糊涂地成了宋仁宗的皇后。

但是，因为宋仁宗生性风流，两人腻歪了一段时间以后，宋仁宗又宠幸了一大堆的后妃。但是这个曹皇后，真是大肚能容，一门心思地帮助宋仁宗寻找新“猎物”，她养了很多的养女，等这些养女长大了，她就把那些容貌姣好的、温柔的、体贴的，都进献给宋仁宗。

有一次，曹皇后在宫外看见一个小女子，觉得肯定是宋仁宗的“菜”，就直接强抢民女，要送给自己老公，后来民女的老公直接告到开封府，这才把人要了回来。反正，这个曹皇后的想法就是，老公宠不宠我没关系，但我宠老公就行！因此，宠老公的曹皇后的位置一直坐得很稳。

这里再说说那个跟宋仁宗离婚的郭皇后，虽然说宋仁宗是多情的种子，但他们离婚后，宋仁宗还经常惦念着她，毕竟是被自己废掉的皇后，内心多少觉得有点对不住她，于是有一天，就派人去探望她，表达了想召她回宫的想法。可是她大小姐脾气上来了，再加上自己所受的委屈，就跟派来的人赌气说：“让我回去可以，需要百官出席，重新册封我为皇后才行。”亲娘啊！这要求，宋仁宗一听头都炸了！赶紧识趣地开溜了。可怜的郭小姐，就此唯有孤独陪伴。

龙椅，真的特硌屁股！

张邦昌坐过龙椅，他最痛切的领悟就是，龙椅太硌屁股了！

公元1126年底，汴京城保卫战失败了，金军攻破了汴京城，本想甩锅给儿子的宋徽宗还是没有逃过金军的魔爪，和儿子宋钦宗一起成了金军的俘虏。

金国的皇帝完颜晟很高兴，他知道宋朝就是一个大金矿，只要好好开采，财富将用之不竭！可是他也很惆怅，所谓没有金刚钻，揽不了瓷器活。女真是一个生活在马背上的民族，虽然战斗力很强，可是对管理中原却没有经验，因此没有底气。如何才能让自己控制的宋朝领土为己所用？于是，他们决定建立一个新政权，扶持原宋朝宰相张邦昌，出任他们建立的大楚国第一任皇帝。

很快，张邦昌收到了金国的册封任命书：任命书明确了职位、国号、管辖范围，同时申明，你还是我们金国的藩属国，得听从金国王室的命令。有了任命书，现在就只等张邦昌走马上任了！

> 『太宰张邦昌，天毓疏通，神姿睿哲，处位着忠良之誉，居家闻孝友之名，实天命之有归，乃人情之所傒，择其贤者，非子而谁？是用册命尔为皇帝，国号大楚，都于金陵。自黄河以外，除西夏封圻，疆场仍旧。世辅王室，永作藩臣。』

大伙一定很好奇，为什么金国选择张邦昌为自己在宋朝的代理人呢？有人分析，主要有以下几个原因：第一，张邦昌本来就是主和派，主张遇事别动刀动枪地伤和气，大家心平气和坐下来商量。第二，张邦昌曾代表宋朝政府去跟金国和谈交涉，答应可以割地，可以赔款，可以纳贡，与金国亲善。第三，张邦昌身居高位，证明还是有本事的，有一定治理国家的能力。因此，金国经过再三考虑，最终选定了张邦昌。

张邦昌虽然是主和派，但也算是文人士大夫阶层，也不至于太没有节操。当他接到这个任命的时候，整个人都愣住了，他起初装病卧床不起，后来甚至喊着闹着要自杀，就是不接受任命。可是，一个臣子在大老板面前实在是没有什么叫板的资格。大老板很生气，敬酒不吃吃罚酒，直接下达了最后通牒，如果再不接受任命，他们就血洗汴京城。

于是，在忐忑不安中，张邦昌最终还是接受了任命。这一天的登基典礼实在不像是新君登基，因为张邦昌走两步哭两声，走两步哭两声，感觉真的快活不起来！但黄袍加身时，他停止了哭泣，朝北叩头谢恩。北方，那是金国国君完颜晟所在的地方，之后金国使者送上大楚国玺，张邦昌再次叩头拜谢。

可是，这龙椅宝座看起来很诱人，但坐在上面真是太硌屁股了！金国扶持张邦昌坐上了龙椅，张邦昌就得为金国办事，金国的小皮鞭一抽，张邦昌就得撅着屁股干。可是金国一进汴京城就大肆搜刮，现在又让张邦昌继续压榨百姓，搜刮钱财，张邦昌像热锅上的蚂蚁急得团团转，实在没有地方筹集！另一边，原来的宋朝士大夫们看见张邦昌竟然僭越称帝，坐上龙椅，直接问候他的祖宗十八代，唾沫星儿都够淹死他了！这一切，让张邦昌变得憔悴，只能夹着尾巴、硬着头皮做皇帝。

宋徽宗、宋钦宗执政的时候，办公地点要么在紫宸殿，要么在垂拱殿，张邦昌上台后，不敢去那里办公，他把办公室设在了文德殿。他不举行朝廷例会，严禁群臣向他行跪拜大礼，发布命令不敢用诏书而用“手书”，也从来不自称“朕”，而是用“余”。就连贴个封条，都写个“邦昌谨封”。似乎，张邦昌的一切举动都在努力传递一个信号：“我张邦昌坐这个位置，是被逼无奈的。”

金国觉得大事基本都准备妥当了，也没什么可以搜刮的了，就准备班师回朝。这回，他们可真是满载而归，除押解着宋徽宗、宋钦宗两个大宋的“吉祥物”外，他们还抢走了大宋的宫廷礼器、古董文物、图籍、内侍、倡优、工匠等，被驱掳的百姓也不下10万人。北宋朝这回彻底灭亡了。

这一天，押解宋徽宗的金军率先北归，张邦昌脱下了龙袍，带领着群臣向已身陷金军牢笼的宋徽宗遥拜送行，几度伤心欲绝，不能自已。此时，他百感交集……

金军终于走了，可这烂摊子让张邦昌如何收拾？有人就给张邦昌提建议：“康王赵构久居宫外，是正统，是众望所归，何不拥戴他即位呢？”可又有人说：“你虽是被逼即位，但实际已僭越，即便让位康王，康王会不计前嫌吗？你不怕他秋后算账吗？”

此时，深知龙椅宝座有多么硌屁股的张邦昌依然决定迎康王即位，他憋了好几个晚上，专门写了一份陈情书，让人送给康王，内容是：“所以勉循金人推戴者，欲权宜一时以纾国难也，敢有他乎？”就是说，我同意金人的任命，实际是出于权宜之计，怎敢怀有他图？康王表示理解。张邦昌深舒一口气，之后，他赶紧派人献上大宋国玺，自己也屁颠屁颠地跑到康王跟前，跪地痛哭请死，诉说自己的苦衷。

很快，在万众的期待和百官的支持下，康王赵构在南京应天府（今河南商丘）即位，是为宋高宗。张邦昌转为太保、奉国军节度使，被封为同安郡王。但是不久，就有人弹劾他卖国窃位。的确，在张邦昌看来，自己是被逼着坐上龙椅的，而且自己坐上龙椅之后，处处谨小慎微。可是宋朝官员并不这么看，他们认为张邦昌就是大逆不道，你说是被逼的，你为什么不以死表达对宋朝皇室的忠心。但宋高宗却淡淡地批示说："张邦昌僭逆，理应诛杀，但考察他的本意，是出于被威胁，可特别给予宽恕，贬为昭化军节度副使，安置于潭州。"

现在，有了宋高宗的批示，张邦昌不用担心人头落地了，终于可以睡个安稳觉了。但是，自从屁股坐过龙椅，他的倒霉事就不断，没过多久又有人告发他不检点。原来，他当大楚国皇帝的时候，金国将宋徽宗的一个嫔妃李春燕赐给张邦昌为后，张邦昌自然不能认这个名分，但二人很快就来了电，互有好感，不过也仅此而已。后来，宋高宗继位，张邦昌自然不再跟李氏有联系。但不知是怎样的机缘巧合，一日，张邦昌喝大了，李氏竟投怀送抱，还安排了干女儿陈氏陪侍。结果这个事，就被告发到了宋高宗那里。

宋高宗一听很恼怒，好歹李氏也是自己父亲的妃子！于是，抓了李氏进行审问，李氏又"诏数邦昌罪"，至于这数罪到底是什么，无人可知！反正不久，宋高宗赐死了张邦昌。据说，接到赐死命令的那天，张邦昌仰天长叹，来回踱步，最终自缢身亡。

从大楚国建立到南宋建立，张邦昌在这个硌屁股的龙椅上一共坐了32天，这32天恍若梦境，却是那么血淋淋地真实。不过，历史如果能重演，我猜测张邦昌打死也不会再坐在这“龙椅”了。

见笑了，是朕没见过世面，下了道『无厘头』圣旨

有人讲："自信过了头，就是狂妄自大。"

康乾盛世让大清朝的乾隆皇帝很有优越感，尾巴翘得很高。的确，他有充分的理由沾沾自喜。因为，大清朝国土辽阔、物产丰富，更号称"天朝上国"！所以，乾隆皇帝对此十分得意。但是，如果放眼全球，此时的世界正发生深刻的变革，第一次工业革命已经悄然在英国拉开帷幕。

如果把国家比作一个公司，大清顶多算一个劳动密集型的传统企业，组织结构复杂，效率低下，主要靠人多，输出劳动，所以看起来经济总量不错，但发展上限不高。但以英国为代表的创业公司，正在谋划创建高新技术企业，靠新技术带动新发展，正寻求全球合作，扩大规模，实现提质增速。

在此背景下，大清朝因为实力雄厚，市场广阔，成为英国全球合作最重要的潜在对象。于是，按照英国国王的旨意，他们成立了一个“投资合作访问团”前往大清国寻求合作。而此时的大清国，全国上上下下都在忙里忙外操办一件大事——大清集团董事长乾隆的80岁大寿。

英国使团漂洋过海，终于到了大清国。人家本意是来谈合作的，顺便给乾隆皇帝过个生日。可是大清国也不问缘由，以为人家是专程给乾隆贺寿的，就给予了热情接待。因为他们是第一次来访，所以，大清朝也特别重视，给予他们的规格比其他来访团的规格都高。其他访团来访，按规定只能从广州口岸进入内地。但他们可以直接从天津上岸，这样前往京城就方便很多！

英国使团刚来到大清国很高兴，他们终于踏上了这个书本中描述的强大、富饶的国家。因为在他们的印象里，大清国是礼仪之邦，国富民强。这片土地将让他们实现创业梦想！

可是，进入天津之后，他们却发现书本里描述的大清都是骗人的。位于京畿之地的天津，就算没有京城繁华，也不应该是这个样子，天津这城市建筑也太破旧、矮小了吧。说好的花花世界呢！再看看大清的市井生活，老百姓大都面黄肌瘦，还有那么多食不果腹的乞丐！这让他们一度怀疑，自己来到了一个假的大清国。

刚才说了，因为清朝的官员和皇帝没有太把这个英国使团当回事，认为他们就是来贺寿的，顺便想占占大清的便宜。所以，英国使团刚进京，就发生了一件不太愉快的事情。按照当时大清的规定：属国朝贡，见到乾隆皇帝的时候必须行跪拜之礼。虽然英国不是属国，但你见到的可是君临万邦的皇帝啊，你得求我办事吧！来，行跪拜之礼！英国使团蒙了，哪有这种强盗逻辑！他们坚持认为，英国和大清国是平等的！他们见本国国王也只需单膝跪地行礼，见大清皇帝也只需单膝跪地。最后没辙，经请示乾隆皇帝，为了彰显大国气度，就同意以英国人单膝跪地的礼仪拜见乾隆。

当时，英国使团一方面为了展示自己的国力，另一方面也是希望能得到大清的认同，与他们开展合作，就将他们的最新工业产品作为寿礼，送给了乾隆皇帝。其中，包括各种新式武器，如榴弹炮、火枪以及第一次工业革命的最新成果——蒸汽机等。

可是非常遗憾，乾隆皇帝对这些新产品、新成果不感冒！这些祝寿的礼物，乾隆皇帝根本看不上眼。

接下来，重点来了。这个英国使团在见到乾隆皇帝后，专程将一封英国国王写给乾隆皇帝的信呈了上去，这封信的主要意思是说：希望加强与清国之间的贸易，双方应该在公平以及平等的原则下鼓励臣民之间交换货物，英国将派遣一位使臣前往大清国来完成这一使命。

其实，这封信的内容很得体。但是这封信经过翻译再传到乾隆皇帝耳朵里的时候，就走了样！因为清朝的官员在翻译这封信的时候，延续了一贯阿谀奉承的风格，把英国国王的语气翻译得特卑微，而夸大了英国对乾隆的吹捧，这就让乾隆皇帝更自大了！“世界以大清为中心，那就别提什么平等通商，合作共赢的事！你们不就是想多占我们大清国的便宜吗？”于是，在此情形之下，乾隆皇帝就颁布了一道圣旨让英国使团带回去给英国国王。

截取圣旨部分内容如下：“尔国远在重洋，倾心向化，……其实天朝德威远被，万国来王，种种贵重之物，梯航毕集，无所不有，尔国之正使等所亲见。然从不贵奇巧，并无更需尔国制办物件。”

圣旨的核心大意就是：感谢你不远万里为我祝寿，但天朝物产丰富，不需要与你们互通有无，如果你们只是想要我国的物产，那么我可以送给你们，只要臣服于我，不仅不用缴纳贡银，还每年给你们发“压岁钱”！最后，玉玺一盖，钦此。

英国使团的成员面对如此结果，就像丈二和尚摸不着头脑！但又没辙，只好撤了！大伙可以脑补一下，当英国国王看到这个“无厘头”圣旨的时候，内心会是一种什么感受？

可以说，对于英国使团来说，这是一次失败的合作之旅。但对于大清国而言，又何尝不是呢？尤其那份奇葩的圣旨，字里行间都是大清国的自大傲慢。所以，后来有人说，正是这次失败的访问让大清国与工业文明失之交臂，也让英国看清了大清帝国外强中干的事实。

后来的事大伙都知道，大清的国门被坚船利炮打开。为此我们可以得出两个结论：第一，人狂没好事，狗狂挨砖头。第二，落后就要挨打！

史上最欲哭无泪的帝王，
娶了俩媳妇，
却都跟酒杠上了！

女人和酒可以轻而易举地把一个男人弄得痛苦不堪，哪怕他贵为帝王。

东晋孝武帝司马曜算是一个很有作为的皇帝，但事业上的成功不能证明婚姻的幸福。谁能想到，他第一任皇后竟然是一个大酒鬼。

司马曜11岁继位，是个标准的娃娃皇帝。很多事都得听皇太后的。男大当婚，皇帝也不例外。古代人结婚都早，娃娃皇帝司马曜14岁的时候，皇太后就开始张罗为皇帝找媳妇！这可是一件大事，任务就落在了谢安的身上。谢安实际上就是东晋朝廷的实际操盘手之一！此时，他在朝堂之上是德高望重的元老重臣。

接到任务后，谢安精挑细选、慎之又慎，真是操碎了心。可物色的人选，他总觉得差那么一点点。一天，尚书左仆射王蕴的儿子王恭去谢安家里拜访，王蕴本来就很有才情，他儿子王恭也温文尔雅，跟谢安唠嗑时表现得有节有礼，这让谢安很高兴，认为王蕴教子有方。更让谢安高兴的是，他还打听到王恭有一个妹妹，芳龄16岁。真是踏破铁鞋无觅处，得来全不费工夫！谢安认为有王蕴这样的大文化人言传身教，王家这个乖乖女可以直接纳入皇后的考察人选！

尚书左仆射为尚书令之副，相当于副宰相的职务

但是，谢安也有一点担心，就是虽然王蕴很有才情，但他也是远近闻名的大酒鬼，他要是把喝酒这个嗜好也言传身教给闺女，把闺女也培养成了酒场“扛把子”，那将成何体统啊！于是，他就派人暗暗去打探消息，还好，王蕴家教挺严，小女儿滴酒不沾。于是，谢安就写了一道奏章，正式推荐王蕴的小女儿作为皇帝司马曜的媳妇。皇太后很满意，皇帝司马曜也觉得不错，于是，选定良辰吉日举行仪式，王蕴的小女儿正式荣升为皇后。

王蕴这个小女儿名叫王法慧，她刚当上皇后的时候确实挺聪慧，知书达礼、温贤淑德，在司马曜这儿受宠了一段时间。

可后来司马曜一忙就顾不上她了。她心里空落落的，就开始显露本性“作”了！怎么“作”呢？她开始“喝大酒”！

一定有朋友说：“不对啊，前面不是说她滴酒不沾吗！怎么现在还喝酒啊？”要解释这个问题，只能说她喝酒是基因遗传！皇后王法慧有一次品尝了美酒的味道后就一发不可收拾。老爹王蕴是好酒量，王法慧也丝毫不输老爹，可就是酒品不好，爱耍酒疯，经常撒泼蛮横、傲慢无礼、无事生非，还有好几次竟直接呕吐到司马曜的身上！对此，司马曜满脸嫌弃，很无奈、很无助，但还是苦口婆心地劝说了好几次，王法慧嘴上每次都答应，可没几天嘴又馋了，馋了就开喝，喝了就开作，这严重影响了夫妻关系，司马曜为此很头疼上火！

最后，司马曜找到撒手锏，就是把老丈人王蕴召进宫来，让他管教管教自己的闺女。老丈人王蕴一看是这情况，吓得赶紧给皇帝女婿赔罪道歉，一顿磕头啊！还好，司马曜用的这招还挺管用，王法慧消停了很多。但其实，王法慧喝酒也不能全怪她，因为她其实喝的不是酒，是寂寞！司马曜很花心，而王法慧花季般的年纪却经常独守空房，只能用酒解忧。最后，她年仅21岁就因病去世了。

故事讲到这里，我们也得好好说一说司马曜。史书对他评价不错，主要有两点：一个是重用贤臣谢安，政治比较清明。

二是在任期间，打了淝水之战这个历史上著名的以少胜多的经典战役。但是，他也是一名不折不扣的大酒鬼，而且经常喝得烂醉如泥。这就有疑问了，第一任妻子王法慧跟他应该是同道中人啊，为啥当初不能和她对饮呢？据我猜测啊，可能是喜新厌旧了！因为后来，司马曜就经常跟自己喜欢的一个姓张的女子共饮，并且还封她为张贵人。但是他的祸端，也由此开始。

有一天，司马曜很开心，来了后宫就邀请最宠幸的张贵人开派对，两个人开怀畅饮、载歌载舞，但张贵人不胜酒力，喝了没几杯就开始迷糊了，再怎么劝酒都不喝了！这让司马曜很不高兴，认为张贵人扫了兴致。于是，他就自斟自饮，然后半真半假地威胁说："我当年选你做贵人，是因为你貌美如花、青春靓丽，可是岁月真是一把杀猪刀，你看你现在，眼角已经爬上了皱纹，皮肤也不再白皙，而且还不争气，现在还没有给我生个孩子，白白占着贵人的封号，明天我就废了你！"说完，他先"废"了，呕吐一地，醉酒不醒。

此时，张贵人已经彻底地被吓醒了，原来对自己如此体贴的老公竟然说要废了自己，这简直就是晴天霹雳！她觉得很委屈，她把切都献给了这个本以为可以终身依靠的男人，而这个男人竟因为自己不喝酒，容颜衰老，就要废了自己，将自己打入冷宫！她想不通，她实在想不通！她愤怒了！她彻底愤怒了！

干脆一不做二不休，就直接喊来对自己忠心的奴仆，趁着司马曜醉酒拿来厚厚的被子，死死地盖在了司马曜的脑袋上，就这样，司马曜被活活捂死了！

试想一下，废掉张贵人这句话也许就只是司马曜酒后的胡言乱语，但他却因此死于非命。估计九泉之下，司马曜也老委屈了吧！

看来，真的是酒不言多，尽兴就好，否则欲哭无泪啊！

长谈资的小段子

想抢朕的功，活腻歪了

晋元帝中年得子，高兴、嘚瑟，于是普天同庆，重金赏赐群臣。有一个士大夫殷洪乔觉得自己无功不受禄啊，于是上表晋元帝：“皇子诞育，普天同庆。臣下没有功劳，却得到重赏。”晋元帝先惊愕了一会儿，然后笑着说：“这事怎么能让你有什么功劳？”

殷洪乔：臣万死、臣万死、臣万死、臣万死、臣万死、臣万死、臣万死、臣万死……

追求进步咋就这么难

南汉后主刘鋹绝对是个奇葩！他特宠信太监，认为只有太监没有太多顾虑，会为他尽忠。这就苦了好多追求进步的青年！

假如你是个青年干部，有能力，有才华，领导也器重你，想升职怎么办？好，阉割了就提拔！

你是读书人，想入仕为官，先考试，考中了进士、状元。好，阉割了！然后才能正式上班！

最奇葩的是，即便是和尚道士，想与刘鋹谈禅论道，好，阉割了再说。

求个进步咋就这么难啊！

朕就是这样的汉子

雍正帝的朱批很有意思。一次一个官员想巴结讨好雍正，就送了他一份稀世珍宝，并附上文书说微臣用这份礼物以表臣子之心。

雍正帝果然是劳模，他的批示比奏折的内容都长，劈头盖脸就是一顿猛批。用大白话翻译过来：你小子以为我好骗？你忘了我登基的时候都四十多岁了，什么没见过、什么没经历过？你们每个人的底细我都很清楚，别想蒙我。你忘了，我还没有当皇帝的时候，你还弹劾过我！现在我登基了，你送我礼物讨好我，有几个意思？告诉你，以后给我老实谨慎点，你的一举一动都逃不出我的法眼！

据说，官员得到批示之后直接瘫了。

皇帝要是考试录取，我也能考上

“即便皇帝是由考试来决定的，这个位置也应该由我来坐。”说这话的是杨广。虽然后世对他的评价不好，但是客观地说，他也算个人才！

他的政绩不多说了。单就个人文化素养来说，他精通诸子百家，擅长音乐和诗词。最重要的是，他在文化遗产保护上做得不错，他创造性地搞了一个有奖征集，将许多濒临失传的珍本文献从民间收集起来。对文化的传承是起到一定作用的。

因此，杨广曾对臣下说：“你们不要以为我这个皇帝宝座是父亲传给我的，即便皇帝是由考试来决定的，这个位置也应该由我来坐！”

“南朝四百八十寺，多少楼台烟雨中。”这里的寺庙，大都是他主持修建的。

“梁帝讲经同泰寺”，这里的同泰寺是他出家四次的寺庙。

经过他的积极努力，食素成为中国佛教的特色。

他自以为功德很大，看见达摩祖师从印度前来中土，就问：“我做了这么多，是不是很有功德？”结果，达摩祖师直接回复：“没有功德！此是有为之事，不是实在的功德。”

他脸一沉，让你点个赞咋这么难！真是话不投机半句多！朋友圈拉黑！

人格分裂的先行者

他是皇帝，却有两副面孔。一开始大家以为他是只绵羊，文雅、和蔼、勤政、爱民，有治国安邦的才干，也有一统天下的雄心。可后来，大家发现错了，他是一只披着羊皮的狼！他是个精神变态、杀人成性、狂躁暴虐的人！

其实刚开始他还挺正常的，考虑的都是治国和平天下的大事，可是后来就不正经了，上朝有时浓妆艳抹，有时一丝不挂。宴请群臣时旁边摆着的不是煮人的大锅就是杀人的长锯。

后世分析，他的分裂是权力使然，也是人性的迷失。他就是被称为人格分裂患者，南北朝北齐的建立者高洋！

齐威王的『国骂』

名义上的天下共主周烈王驾崩了，诸侯按礼节都应去吊唁，但是祭奠仪式都结束了，齐国才姗姗来迟。周王室的遗老遗少很不满，就派人到齐国去批评教育齐威王，更口出狂言说，按照律法，是要用斧钺砍死齐威王的。

齐威王听后，怒气冲天，大声呵斥，“叱嗟，而母婢也”。翻译过来的话，大概就是最早的“国骂”。

宫里『能人』多啊！佩服，佩服，佩服

媳妇多了也闹心！这让老公去哪儿过夜呢？司马炎的“羊车望幸”的故事会让你不禁感慨，宫里人真会玩啊！

其实，历史上会玩的还有唐敬宗李湛，他登基那年虽然只有十五岁，却谙熟各种“花样”。其中最令人咂舌的就是他发明的“风流箭”。让所有妃子站在一起，李湛则拿一把特制的弓箭，射中谁就宠幸谁！这支“风流箭”很有讲究，被射在身上不疼，反而会香气四溢，所以妃子们都抢着“中箭”。

会玩，佩服！

约架得有『范儿』

楚国要称霸，却让宋国不忿，就约楚国一战。交战地点在泓水，楚军要作战必须过河，有人建议宋军先发制人，宋襄公却说这样做不义，不能打！等到楚军过了河，现在可以打了吗？宋襄公说，楚军还没列阵，这样做不义，不能打！终于左等右等，两军正式开战。宋军寡不敌众，一败涂地。

后边有两种观点：一种观点认为这是古代战争史上因思想保守、墨守成规而导致失败的典型战例。另外一种观点认为，宋襄公坚持的这些原则被耻笑，说明世道已经变了。

中国帝王选妃，堪称全世界频次最多的，当然也是花样最繁多的。比如，有专门从民间遴选美女入宫的，还有官员特供美女纳贡的，但这些方式都比较常规。

最逗的是司马炎，他认为你们这帮人替我选妃子，肯定都把美女截留给了自己，最后送进宫来的都是丑的！

怎么能选到美女呢？司马炎的脑回路真是无敌！他下令，让负责选美的官员把自己的老婆和女儿带来，结果一看，果真都是美女，然后就把这个官员的小妾和妻女弄进宫来纳为妃子。

真无敌。

第二章

哥的传说

其实哥想低调，
可实力不允许

史上最有调性的『星二代』：

我也有自己的万丈光辉！

谁也遮挡不住真正名士的万丈光辉。

范纯仁很幸运，因为他有一个名士老爹叫范仲淹。范纯仁也挺苦恼，也因为他的老爹是名士范仲淹。

范仲淹是北宋杰出的思想家、政治家、文学家。我们都熟知《岳阳楼记》，也都知道他的名言“先天下之忧而忧，后天下之乐而乐”。范仲淹的确是光芒万丈、世所景仰的真名士。但也因此，他的子辈却一直生活在他的光芒之下。

范仲淹一共四个儿子：范纯祐、范纯仁、范纯礼、范纯粹。如果说他们名如其人，那也确实如此。这四个孩子懂礼、知仁、明节，也都挺有出息，均在朝廷中任要职。其中，以范纯仁的表现最为突出。

范纯仁小的时候，就表现出惊人的学习天赋，8岁就能够把那些拗口难背又难理解的文章倒背如流，学习也特别地用功，经常挑灯夜读，书房的房顶都被油灯熏黑了。17岁那年，他本来可以凭借父亲的恩泽，直接为官。范纯仁却撂下狠话："吃自己的饭，流自己的汗，靠天靠地靠祖上，不算好汉。"22岁那年，范纯仁靠着自己的才学一路过关斩将，在殿试考场也表现完美，考取了进士，用实际行动证明"我的人生我做主"！

朝廷分配工作的时候，把这个新科进士分配到了江苏做知县，可当时范仲淹一家都住在京城汴京。范纯仁就说："（自己）远亲不赴！"什么意思呢？就是嫌离自己亲人太远了，去了怎么尽孝道呢？自己不能赴任。掌管分配工作的官员可能也看了范仲淹的面子，就把他重新分配到离开封比较近的长葛去做知县老爷，可是范纯仁还是不去！这下，连老爷子范仲淹都在纳闷，就问："远地方你不去，近地方你为啥也不去？"接下来，范纯仁完美地体现了古代对孝的诠释，他说："岂可为了俸禄而轻易离开父母？长葛虽近，但到那里就不能侍奉您了啊！"他是这么说的，也是这么做的，一直到范仲淹先生与世长辞，他又为父亲守丧三年后才正式出仕为官。

身为名门之后，范纯仁确实很有调性，他为官期间，身上有这么几个标签特别显著。第一是敢碰硬。他刚做开封府襄邑知县的时候，所管辖的区域也算是京畿之地，其中有一片是禁军的牧场。禁军是什么人，是皇帝的直属卫队，所以特飞扬跋扈、狐假虎威，放牧的时候经常越过界限，践踏老百姓的庄稼。老百姓实在忍无可忍，就告到父母官范纯仁这儿。一般胆小怕事的，绝不会接这个烫手的山芋，或者采取息事宁人的办法。但范纯仁可不会惯着这帮没有规矩的家伙，他直接命人逮捕了带头的禁军，这还没完，还当众处以鞭杖之刑，来一个以儆效尤。这边主管农场的官员大为愤怒，赶紧添油加醋地给宋仁宗上了一道告状折子，宋仁宗就安排御史去调查处理。御史找到范纯仁，范纯仁有理有据，跟御史说："农民种田交赋税，用来养兵，可是农田都毁了，还不能按律法处置毁坏者，那以后哪里还有农田？哪里还有赋税？哪里还有兵？"连珠炮三连问后，御史就回去如实将情况汇报给了宋仁宗。宋仁宗圈阅后批示：不再追究此事，要求有关官员管好牧场。这一下，范纯仁就留下了敢碰硬的名声。

范纯仁身上第二个标签是刚正不阿。他在开封府襄邑县做父母官没过几年，因为在考核述职中分数挺高，刚继位的新君宋英宗就提拔他为御史台台谏。这个职位很有挑战性，有两项职责，一项是给皇帝挑毛病，另

> 在此之前，御史台和谏院是分开的，各干各的事，宋朝才把两个部门合并在一起，称为台谏。

一项是检查各王公大臣的工作完成情况，顺便挑挑毛病。

范纯仁在这个新岗位上做过这么一件事：熟悉历史的应该清楚，宋英宗实际上不是宋仁宗的亲儿子。现在宋英宗当了皇帝，就特想给自己生父一个名份。当时朝中有两派，一派主张让宋英宗称自己生父为“皇伯”，另一派则主张称“皇考”，也就是先皇的意思，这一派的代表人物就是欧阳修。两派在朝堂之上辩论了好几个回合，宋英宗其实很倾向称“皇考”，但毕竟有其他重臣反对，也就迟迟没有定夺。这个时候，范纯仁登场了。他给宋英宗递了一道折子，表明了自己的立场，他说：“按伦理，您应该将您的生父称为‘皇伯’，而非‘皇考’。那些让您称呼‘皇考’的臣子，他们都是投机分子，是在献媚，您应该远离这些人，而且要治他们的罪。”但是最终，宋英宗还是决定称自己生父为“皇考”，欧阳修一方获得胜利。范纯仁则因为太不“识相”，被贬出京城。

范纯仁身上的第三个标签是是非分明。当时，范纯仁和司马光是老铁，他们的友谊都是因为王安石变法而结成的。当时，司马光跟王安石水火不容。王安石当权，司马光就“玩泥巴”去了。范纯仁也认为王安石变法不切合实际，太着急了！就一个劲地上奏弹劾！结果，惹得王安石不高兴，得，你也“玩泥巴”去！这下好了，司马光和范纯仁这哥俩惺惺相惜，没事就凑在一起喝两杯！可是，没多久，天突然变了，宋哲宗当了皇帝，司马光掌权为相。很快，在司马光的支持下，范纯仁也重新“出山”，还当上了宋哲宗的“私教”。

司马光一上台，做的第一件事就是废掉新法。后世认为司马光这一举动已经超出了政治范畴，甚至带有私人恩怨，毕竟王安石变法还是有可取之处的，变法在一定程度上促进了北宋经济军事发展，但司马光所执行的政策是：凡是王安石支持的，他就反对；凡是王安石反对的，他就支持。

这个时候，是非分明的老铁范纯仁站了出来，他质问司马光：“哥们，你这什么操作啊？新法中，好的咱应沿用！坏的咱就删改，不能全盘否定推倒重来啊！像青苗法、募役法这些政策，都是富国强兵的，不能一下子就废除啊！”司马光一下子就愣住了，他万万没有想到，他的铁杆竟然站出来反对自己！就问范纯仁：“你忘了当初王安石怎么排挤咱们了？现在怎么胳膊肘往外拐呢？”还有很多同仁也劝范纯仁，说你被压制这么多年，要不是司马光宰相大力推荐，你现在还不知道在哪儿呢！

此时，范纯仁显示出了真名士的风范，他的回复也很绝，他说：“如果为了讨好司马宰相而得到好处，那还不如当初就迎合王安石，早就发家致富了！”

于是，62岁那年，这个有调性挺掘的小老头又被贬了。后世有分析说，他也许已习以为常，也不会太失落，因为他一直坚守真名士“朋而不党，友而不私”的操守。

『炫富』遭雷劈，再硬核的人生也如此

有人说：“人越缺少什么，就越爱显摆什么！”也有人说：“炫富是为了刷存在感！”还有人说：“炫富是为了获取社会的尊重而产生的一种炫耀心理！”

古代有个暴发户，他炫富的目的简单粗暴：做个无人超越的超级土豪。为了这个目的，他是想着法子去炫富、斗富，唯恐天下人不知道自己的富有。此暴发户就是西晋时期的炫富狂人石崇。

石崇怎么炫富呢？首先就是他家的大豪宅。在京城洛阳，除了皇宫，就数他家最“扎眼”，坐拥黄金地段、商铺林立、配套完善，简直就是商务中心CBD。豪宅的装饰装潢更是考究，客厅、卧室就不说了，光是他家的卫生间，你能想到的功能全套配齐，而且香味扑鼻，丝毫不逊色于如今的五星级酒店标准。他家最大的特色就是你如厕的时候，旁边还有十几个特标致的女侍从穿戴锦衣华服，专为你提供周到体贴的服务。特别介绍一下，他家的高级厕位下面铺的是填满鹅毛的木格栅，粪便一落下来，鹅毛立马将其覆盖包裹。旁边有一个随时待命的侍从，待你如厕完毕，赶紧更换木格栅，这样一来就有效解决了空气污浊的问题。

不过，在土豪家上个厕所，规矩就是多。石崇就特别规定了一条：凡客人在家如厕，完事之后必须更换衣服。当然，这衣服石崇是免费提供的。倒不是怕衣服有异味，而是哥有的是钱，得讲究格调！

有个小故事是说一位名叫刘寔的官员，他平时很简朴，一次去石崇家做客，突然肚子不舒服，就想去上个厕所。可进了这高档卫生间，看见有斗柜，有茶座，有卧榻，有被褥，还有十几个特标致的美女侍从。直觉告诉他，自己肯定走错地儿了，就连忙退出来跟石崇说："对不住啊，我刚才想上厕所，却跑到您的内室了。"石崇听后哈哈大笑，扬扬得意地回复说："没走错，没走错，这就是俺家的'茅房'"！刘寔却难为情地说："您家这也太敞亮了，排场太大，享受不起啊！告辞告辞，我得出门找找公共厕所！"

以上是石崇家的硬件条件，他的“后宫”更没的说。就说他的妻妾，不说后宫佳丽三千，起码也有个太太团，而且个个都是天生丽质、貌美如花，身上佩戴的装饰格外讲究，翡翠、玛瑙、金银饰品都是世间罕物，很多都是私人定制的奢侈品。

有趣的是，石崇对于管理自己的太太团很有心得。女生应该都清楚，保持完美的身材，最主要是靠控制饮食。因为石崇家穷得只剩钱了，所以，山珍海味成了太太团减肥最大的敌人。石崇为了让自己太太团的每个成员都能有超模的身材，他把沉香屑撒在象牙床上，然后让众佳丽走猫步。谁走过去没有留下脚印，说明谁体态轻盈，身材匀称，就赏谁100颗珍珠。谁留下了脚印，就得面壁思过，控制饮食。据说这招很管用，太太团都争相减肥！

> 又屑沉水之香，如尘末，布致象床，使所爱践之。无迹者，即赐真珠百；若有迹者，则节其饮食，令体轻弱。故闺中相戏曰：『尔非细骨轻躯，那得百真珠。』

石崇太富有了，但“孤独求败”的感觉一点都不好玩，因为没有对比就没有伤害！没有对比就没有成就感！就在这时，有个人跃跃欲试，看石崇太嘚瑟，就想给他点颜色瞧瞧。这个人就是晋武帝司马炎的舅父王恺。

王恺家大业大，又是皇亲国戚，所以也是一个有钱就特任性的主！于是，两个人就默默较上了劲，开始了一场史上最令人咂舌的“斗富”比赛。

第一回合，王恺家吃完饭就让仆人用糖水洗锅以显示自己家的糖多，富足；这边石崇知道了也不甘示弱，做饭时直接让仆人用蜡烛当柴烧火，证明自己家蜡烛多，根本用不完。这回合双方难分胜负，比分1：1。

第二回合，王恺让人做了四十里的紫丝布步障，步障相当于屏风，紫丝布是一种很贵重的丝织品；石崇听说后，就让家里人做了五十里的锦绣步障，锦绣可比丝布贵多了。这回合很显然是石崇获胜，总比分2：1。

第三回合，王恺让人用赤石脂来涂自家墙壁；石崇更绝，用调味香料花椒做泥涂抹屋舍墙壁。因为当时花椒比赤石脂更难获取。所以这局石崇再次获胜，总比分3：1。

王恺很恼火，也特没面子！看来，他必须出绝招了。于是，他就去找自己的外甥晋武帝司马炎。皇宫里奇珍异宝多，随便拿出来一两件，肯定可以秒杀石崇。司马炎也很上心，为了挽回皇室的颜面，就在众多宝贝里精挑细选了一棵二尺来高的珊瑚树帮助王恺斗宝。

王恺得到这件大宝贝，就赶紧把石崇请来，意图炫耀。只见石崇撇撇嘴，然后就做了一个惊人的举动。他用自己随身的铁如意把珊瑚树砸了个稀巴烂！嘴里还嘟囔着：“都是些啥破玩意儿啊！”王恺很生气，以为石崇是嫉妒自己，正要发火。石崇却对王恺说：“大人，留这些破玩意儿有啥用啊！兄弟送给您更好的！”然后就让仆人从自家送来好多珊瑚树，石崇家的珊瑚树有的高三尺，有的高四尺，而且棵棵都是世间精品。王恺看到这些彻底惊呆了！他知道这回自己又输了！

故事说到这儿可能就有人问了，石崇的财富从哪里来？他家的宝贝怎么还能多过皇宫呢？其实，石崇也算一个励志哥，他老爹是西晋开国元勋石苞，他是正儿八经的“官二代”。但他起家全靠自己，跟老爹没半毛钱关系。而且他老爹去世的时候分家产，其他兄弟姐妹都分了就唯独没有给他分。他老爹说了：“我这个儿子，日后肯定有出息，不用给他分家产。”所以这么看来，石崇打小就表现出跟其他人不一样的独特气质。

再后来，他20多岁出仕为官，政绩突出，所以一路受提拔，仕途特别地顺。但是，当他官至荆州刺史的时候，他整个做事的风格就变了，也许是因为人一到中年，就容易变得“油腻”，他一改之前的“贤良能吏”的形象，而变得贪婪、猥琐。他的大量财富，就是在这个时期积攒起来的。怎么积攒呢？很简单，很粗暴，就是用手中的职权直接干强盗的勾当，来往的富商不把钱财留下，那就把命留下。就这样，他很快完成了原始积累，成了大土豪。

可他如此肆无忌惮，难道没人管吗？有！不过，石崇不在乎，因为他上头有人，石崇在官场上攀附的对象就是贾南风的亲侄子，权臣贾谧。有这样一个老大哥罩着，石崇更是目中无人，忘乎所以。

不过，人生有时候就是抛物线，站在最高处的时候，命运就开始走下坡路了。司马衷在位时期朝堂很乱，尤其“八王之乱”后，赵王司马伦发动政变诛杀了贾南风，贾谧也被处决。石崇没有了靠山，很快就被免职了！再后来，赵王司马伦手下的一员悍将孙秀看中了石崇太太团中的一个姑娘，名字叫绿珠。但绿珠姑娘却正好是石崇的心头肉，特别受宠爱。孙秀想要，石崇自然不答应。结果，孙秀就向赵王司马伦进谗言，最终石崇被杀，家财被夺。

石崇在临死前，才恍然大悟：“他们不是想要取我的性命，他们是想取我的家财啊！”看来，再“硬核”的人也别太嘚瑟炫富！

吃了没文化的亏，他被称为史上最『呆萌』名将

人如果身无长处，笨就等同于“蠢”！要是有一技之长，笨就是“呆萌”，比如北宋猛将党进。

党进，一猛人也。猛到什么程度呢，北汉的名将杨继业，想当年也号称战场上的“扛把子”，一生没吃过几回败仗。可是，在党进这儿吃了不少亏。

公元969年，宋太祖赵匡胤亲自率军征讨北汉，党进为副将，他们来到了北汉老巢太原城下，宋太祖命令先把太原城给围了，然后再安营扎寨，那边老谋深算的杨继业就率领一小队骑兵，想先来个突然袭击。但是，谁让他碰上了认死理的党进，所谓枪打“出头鸟”，党进看到自己部队受到冲击，就带领一帮兄弟冲着带头的杨继业杀了过去。由于党进太过生猛，杨继业

很快招架不住，赶紧回撤，可是党进一帮人穷追不舍。没辙，杨继业为了逃命，只能躲在护城河下等待救援，最后非常狼狈地被守城的将士用绳子拉入城内才得以逃脱。

党进一战成名，声名大振。七年后，赵匡胤再次委以重任，让他与潘美、杨光美一起作为主将第二次征讨北汉。党进这次威武不减当年，在太原城北大败北汉军。班师回朝后，党进就躺在功劳簿上，整天吃香的喝辣的。

党进早年就是一个小混混，是五代后晋重臣杜重威的一个家奴，没有什么文化，但臂力过人。在杜重威死后，党进凭着臂力大的特长被征召入伍。在军队中因为人比较憨直，没有啥坏心眼，而且很忠诚听话，再加上他有那种“二愣子”的劲，勇猛善战，不怕死，所以无论是在后周政权还是北宋政权都被提拔重用。他自己也挺得意，觉得自己是个角儿，人就有点飘，不是犯“二”，就是犯愣，下面就进入党进犯“二”的时间。

党进没有啥文化，看见其他人上朝，手持的笏板上密密麻麻地写着字，党进很疑惑：“这都写的是啥啊？”一打听才知道，是有些武将怕大老板赵匡胤询问自己部队的人马和盔甲有多少，刻在笏板上就不怕忘了。他也跟着学，回去就让人把自己手下的兵马器甲物资的数量全都写了上去。还真有一天，赵匡胤问党进，现在手底下有多少兵马器甲。可是党进看着写满字的笏板却说不出来！为什么呢？因为他不认字！急得他满头大汗，于是索性直接说：“皇上，您问的都在上面呢！”说着就把笏板递给了赵匡胤。这边赵匡胤被党进的愣劲逗笑了，还夸党进为人质朴。党进是个简单直接的人，觉得自己又立了一功，很是得意。

一次，朝廷安排党进到边关防守，按照礼仪制度，守关的将领要给朝廷做表态发言。当时，赵匡胤考虑到党进大字不识几个，这个程序就免了吧！但党进不同意，一定要按照规矩办事。没辙，下面的人就只好替他拟了发言稿让他背诵，还生怕他忘记，把发言稿写在了笏板上，以备不时之需。显然，党进又高估了自己，私底下使了好几天的劲，背了一遍又一遍，终于记住了，但是，当要正式给赵匡胤表态发言时，却全都忘了。党进又是一番抓耳挠腮，他检索自己大脑里那些有文化的词句，突然蹦出来这么一句话：“臣闻上古其风朴略，愿官家好将息”。这句话原意是：臣听说上古的帝王都崇尚简朴节约，希望皇上您能够休养生息。党进这句驴唇不对马嘴的发言，逗得朝堂之上的文武大臣笑得前仰后合，发言只得草草收场。后来，有人就问党进，表态发言为啥说这两句呢？党进解释说，自己经常听那些文臣说这几句，就记住了，好让皇帝知道自己不是大老粗，自己也读书！

这就是吃了没有文化的亏，还硬装文化人！

所谓“生命不息，犯二不止”没文化其实不可怕，咱收敛一点，但这显然不是党进的作风。党进让人给自己画像，画师画了好久，终于大功告成。可是党进看完自己的画像后，愤怒得像头狮子，责问画师：“画大老虎还用金箔贴眼睛呢，为什么不给我用？”画师都蒙了！按照党进的思路，他的画像应该是老虎的眼睛，雄鹰的嘴巴，猎豹的爪子，再加上狮子的发型，这够勇猛吧！但这还是人的画像吗？

还有一次，大冬天雪花纷飞，党进自己在军帐中烤着炉子唱着歌，大口吃肉、大口喝酒，浑身是汗。于是，他腆着肚子来回踱步，跟身边的侍从说：“今年的天气真奇怪，大雪天怎么这么热呢！”这话被军帐外的士兵小哥听见了，给了他一个鄙视的眼神，小声地嘀咕着：“大哥，没事出来走两步啊！走两步啊！我这里可是寒风凛冽”！

还有一个小哥“神补刀”的故事。有一次，党进酒足饭饱，摸着自己的肚子，随口说道：“肚子啊肚子，我可从来没有亏待过你啊！”结果，旁边士兵小哥接话道：“将军是没有辜负过你的肚子，可是你的肚子老辜负你，从来没有给你出过好主意。”党进一听竟然憨憨地大笑起来！

党太尉进尝食饱扪腹而叹曰：『我不负汝。』左右曰：『将军固不负此腹，此腹负将军，未尝少出智虑也。』

现在，基本可以判定，党进因为其单线条的思维模式，遇事简单、粗暴，同时吃了没有文化的亏，所以做过很多很二、很愣的事儿。好在，他并非身无长处，至少在两次征讨北汉中拥有上佳表现，因此后世最多说他是一个粗线条的汉子，给他起个可爱的外号，比如史上最呆萌的名将等。

由此可见，人一定要有一技之长！这样人们才可能接纳他的真性情。

『斜杠青年』沈括，科学家混江湖的血泪史

他是科学大牛，学术研究上的泰斗！但他也是被众多名流大咖口诛笔伐的“小人”！

他是谁？他又怎会如此“毁誉参半”？

他就是沈括，古代第一本大百科全书《梦溪笔谈》的作者，被西方称为“中国科学史上的坐标人物”。客观地评价，在学术研究上，在他的代表作《梦溪笔谈》中上到天文，下到地理，左到数理化，右到军农医的这些内容，没有他不涉猎的，也没有他不研究的，而且都很有学术成果。所以，有人说，沈括就相当于大宋的伽利略、牛顿、诺贝尔和爱迪生，再搭上个李四光，反正就妥妥的是大牛人！

有一个小故事，宋辽两国一直就边界问题谈不拢，都强调

自己的权益，这事就僵住了。沈括本来就对地理类的问题特敏感，他知道这事后，就特意去档案馆查资料，结果发现了宋辽很早之前就商定过分界线的问题，并且商定的这条分界线有利于宋朝。于是他赶紧把情况向宋神宗做了汇报。

宋神宗很高兴，就派沈括当使臣去辽国交涉。沈括拿着文件，摆事实，讲道理，非常圆满地完成了出使任务。更重要的是，他凭借自己的专业特长，趁这次出使，顺手还完成了一项战略任务，就是根据沿途地理、风俗民情，画撰了《熙宁使契丹图抄》。直白地说，就是趁着这次出差机会收集了辽国的地理情报，献给了宋神宗。这件事充分证明，沈括作为专业技术人才没的说！真的很牛！

但是，在那个时代，怎么才算真正的“牛人”？大破西夏的狄青算牛人！灭后蜀、平南唐、征北汉的曹彬算牛人！有雄才大略，又能舞文弄墨的王安石、欧阳修算牛人！而沈括的技能和他研究的方向很遗憾，只能用三个字形容——“不入流”，更有甚者称之为“奇技淫巧”！

所以，沈括想要凭借自己的专业技能混仕途，只能说前途堪忧。沈括也是明白人，而且很懂得察言观色，自己要做官，除了真才实学，还得有靠山。沈括找的靠山就是王安石。

那时候，王安石达到了权力的顶峰，成了改革的倡导者，正按照自己的宏伟构想大刀阔斧地实施变法，因为改革涉及社会的各个领域，王安石也不是铁人，需要得力的左膀右臂。正好，沈括号称“万金油”，对农业、水利等方面懂得很多，所以一下子得到了王安石的重用。

沈括也很卖力，王安石指哪儿，沈括就打哪儿，成了改革派的“先锋”。在这个过程中，双方合作得很愉快！只是，世事难料，改革受到了越来越大的阻力，王安石背后的领导，改革最主要的支持者宋神宗在关键时刻动摇了，掉链子了。不得已，王安石只能被迫提交了辞职报告。

万万没想到，沈括立马翻脸不认人，又当了倒王安石派的“先锋”，还写了一封万言书，言辞犀利地批评变法，说王安石新政就是荒谬的、祸国的。但总的来说，宋朝的文人士大夫阶层还是很有节操的，沈括这种见风使舵的行为遭到了大家的鄙视，连宋神宗都看不过去了，再加上被他人弹劾，沈括的仕途开始走下坡路了。

再说王安石。当得知昔日的好战友，亲密无间的好朋友，竟然在背后给自己一刀子时，王安石气得吹胡子干瞪眼，说沈括就是一个小人，“不可亲近”。

各位，其实被沈括在背后捅刀子的受害者不仅仅有王安石，还有大名鼎鼎的苏轼。根据记载，一次还是改革派先锋的沈括前往杭州巡查变法情况。当时，苏轼反对激进的变法，但尽管如此，还是与沈括把酒言欢、谈笑风生。

沈括也知道，苏轼是大名士，席间就问苏轼，最近有什么大作品，拿出来拜读欣赏一番。苏轼是实在人，就拿出了自己新创作的一首诗，其中有这么两句："根到九泉无曲处，世间唯有蛰龙知"。当时，读到此诗，沈括还拍马屁说写得好，但回家之后就赶紧记在自己的小本里。回到京城之后，他就立马检举揭发，说苏轼这两句诗大逆不道。龙不就是圣上吗？圣上好端端地在龙椅上坐着呢，你要去九泉找龙，是什么意思啊？于是乎，一场因为诗句引发的悲剧就发生了，此后，苏轼人生的转折点，"乌台诗案"正式拉开了大幕。

但是特别有意思的是，后来沈括遭遇仕途的滑铁卢，被贬职闲废润州的时候又遇到了苏轼，他跟没事人一样，还经常去苏轼家串门，约酒局，搞得苏轼也很无奈。好在，苏轼毕竟是读书人，挺文雅的，就没好意思撕破脸。

可是这世上，真是一物降一物！虽然他和苏轼没有撕破脸，但是沈括的脸还是被撕破了！谁干的呢？他媳妇张氏。沈括的媳妇是标准的母老虎，特彪悍。一言不合就开战，不是抓就是抠，要么就动嘴，反正受伤的总是沈括，他的孩子们都经常看不下去了，下跪替父求情，没用，一边待着。

据说有一次，沈括遭受了严重的家庭暴力，媳妇张氏硬生生将沈括的胡子连皮带肉全给薅了下来！这事想想都疼！但沈括却好了伤疤忘了疼，竟跟没事人一样！后来张氏因病去世，他的朋友恨不得敲锣打鼓为他庆祝，终于可以不用生活在家庭暴力的阴霾下了，但沈括的反应却让所有人大吃一惊：媳妇去世让沈括悲痛不已，神情恍惚，还要跳河殉情，多亏被旁人救了下来。自此，沈括彻底垮了，不久，也因病追随自己的媳妇去了。

> 张（氏）忽病死，人皆为存中（沈括）贺，而存中恍惚不安。船过扬子江，遂欲投水，左右挽持之，得无患，未几不禄。或疑平日为张所苦，又在患难，方幸相脱，乃尔何耶？余以为此妇妬暴，非碌碌者，虽死魂魄犹有凭藉。

孟浩然面试求官记

学而优则仕。历史上很多大人物，因为本身是学霸，随便考个试就能为官。但是，也有一些大人物，虽然很有才学，名气也很大，但因为不符合条件不允许参加科举考试，则被挡在仕途之外。比如李白就因为是罪人之后、商人之子，直接被剥夺了参加科举的权利，后来为官走的是特殊人才引进的办法。还有一些大人物因为运气不好，屡考不中，心灰意冷，却很不甘心，比如孟浩然。

提起孟浩然，可以说妇孺皆知。他身上的标签是“山水田园派诗人”，给人清新脱俗、与世无争、清心寡欲、世外高人的感觉！但，孟浩然的内心果真是这样吗？

公元689年，孟浩然出生于襄阳城中一个薄有恒田的书香之家，算是小康家庭，从小就受到父母的严厉管教。那时候，年轻人除了习文，也习武。17岁的时候，孟浩然参加襄阳城的县试，表现出了惊人的天赋，俨然是父母的骄傲和家族的希望，更是叔叔阿姨口中“别人家的好孩子”。按常理，如果继续沿着这条路走下去，他很快就可以考取功名，实现理想抱负，走上人生的巅峰。但是，23岁的时候，孟浩然却选择了人生的另外一条道路：隐居。

他跟好友张子容，一起隐居在襄阳城的鹿门山。关于为什么隐居的这段历史，史学界大都认为，当时孟浩然因为年少轻狂，看到宫廷政变频繁，就对自己的世界观、价值观进行了重塑，要当野鹤闲云，不问政事。但是，理想总是美好的，现实却是骨感的，原生态的生活让张子容先受不了了。第二年冬天，张子容对孟浩然说：“哥们儿，对不住啊，不能再陪你听野鸡打鸣了，我回去参加科举考试了啊！”话说完，屁股一拍转身走了，留下孟浩然独自惆怅。

一个人的日子，时间长了真的就只剩下煎熬了！百无聊赖，写诗，发呆，自言自语，周而复始。还好，孟浩然毕竟还年轻，还有满腔的热血，隐居的第三年，孟浩然的野味也终于吃够了，他决定出山，走出大山行万里路，广交名流，最好顺便能找一份正式工作。

可万事总不能皆顺人意，从26岁出山开始，孟浩然都在漂泊，不是在面试找工作，就是在面试找工作的路上。他给各路达官显贵推荐自己，说自己有治世之才，可是很遗憾，总没有找到称心如意的工作。但这期间也并不是没有收获，比如他跟李白成为莫逆之交，李白还创作了《送孟浩然之广陵》这篇名作。但总的来说，这么漂何时是个头啊？于是，在38岁的时候，孟浩然决定，他要参加来年的科举考试！他要证明自己归来仍是少年，依旧宝刀未老。

只是现实很残酷，孟浩然名落孙山。多亏他朋友多，身居高位的王维、贺知章等人，都来安慰他，鼓励他。尤其是王维，很欣赏孟浩然的才学，他们的关系很铁，没事就约孟浩然到家里喝两杯。

有一天，王维和孟浩然又在开怀畅饮，不料，诗坛大人物雅聚的消息传到了唐玄宗的耳朵里，唐玄宗很好奇，也想参加这个饭局，就突然摆驾到了王维的家里。

按理说，这对于孟浩然来说是个机会，这就是唐朝的“boss直聘”啊！比你苦巴巴地求那些王公大臣引荐直接得多，可是孟浩然却掉链子了，听说唐玄宗来了，竟然吓得赶紧钻到了床底下。多亏王维赶紧拉着孟浩然给唐玄宗引荐，并让孟浩然展示自己的诗歌作品。其实唐玄宗凑这个热闹，也正想瞧瞧这个知名才子到底有多大学问和才华，可是孟浩然演砸了！他选错了作品，他把这次进京新作《岁暮归南山》中的“不才明主弃，多病故人疏”两句吟出来的时候，唐玄宗的脸色立马由晴转阴，质问道：“你何曾求官，朕又何曾抛弃你，你怎么还诬陷我？”说罢，气呼呼地拂袖离去。

猜想，孟浩然应该对自己的表现也很失望，他听说，旅行可以疗伤，所以就告别了故人，继续畅游祖国的大好河山，最后回到了家乡襄阳。

不能入仕为官，其实一直都是孟浩然心里隐隐的痛，所以，有机会他总是抒发自己要为朝廷效力的情怀。46岁的时候，他又遇到一个人，谁呢？襄州刺史韩朝宗，正四品官职。

韩朝宗很欣赏孟浩然的才华，也听说过孟浩然的求职史，就决定找机会向朝廷举荐。孟浩然很高兴，大恩人啊，于是就约定日期，一起进京求官。但是，不知道是造化弄人，还是孟浩然又犯糊涂了，到了约定一起进京求官的日子，孟浩然却跟一帮老友喝上酒了。

韩朝宗左等右等不见孟浩然来，就亲自去府上找，府上的佣人就赶紧告诉孟浩然，这个时候孟浩然已经喝大了，认为佣人扫了兴致，叫喊着：“喝都喝了，管他还有什么事情呢！”因为声音很大，被韩朝宗给听见了。韩朝宗很生气，拂袖而去。

> 采访使韩朝宗约浩然偕至京师，欲荐诸朝。会故人至，剧饮欢甚。或曰：『君与韩公有期。』浩然叱曰：『业已饮，遑恤他！』卒不赴。朝宗怒，辞行，浩然不悔也。

孟浩然之所以放韩朝宗的鸽子，其实另有原因。他当初漂泊的时候，曾经让各路王公大臣引荐自己，其中还包括名相张九龄等人，但结果都没有办成！他就想，韩朝宗区区一个刺史，能给自己办成吗！就故意没有按照约定赴京。结果自己在纠结和矛盾中将希望的火焰再次给掐灭了。

不过还好，虽然一直求仕不得，但是他生性洒脱，自然人缘不错，朋友交了不少。还有自己的田园派诗篇已经名满天下，也算是大文豪了！后来做官的念想也就慢慢淡了。所以，喝酒、交友、作诗，成了他后期生活的主旋律。

公元740年，51岁的孟浩然与到访的王昌龄相见甚欢，又是一顿开怀畅饮。那时候，孟浩然背上长了毒疮，本来都快痊愈了，但就因为这次纵情宴饮，又吃了很多海鲜，结果旧病复发，永远地睡着了。纵观老孟的一生啊！有人说：“老孟，你就‘作’吧！活该有这结局！”也有人说：“老孟啊，你的任性让人心疼！”

杜甫的爱情

杜甫的人生包括爱情，都贯穿了一个字——“丧”。

因为“丧”，他成了唐代著名的现实主义诗人。他的成就自然不必赘述，那我就深挖一些大伙都不太熟悉的背景知识进行介绍。比如，杜甫可以算作富家子弟，虽然他祖上不是经商的，但却都是当官的，也都是文化人，很会生活，所以小日子挺自在，挺小资。

唐朝的文人都比较浪漫，推崇自由，也富有理想，所以杜甫年轻的时候，有两件事很重要，一件是广交名流，另一件是云游四方。因为本来就很有才学，所以在这个过程中，杜甫在当时的名流圈里混了一个脸熟。

这里面比较有趣的，也是大伙经常调侃的，就是杜甫一直崇拜李白，但李白好像对杜甫态度很冷淡。网上也有网友替杜甫打抱不平，说李白欠杜甫一声“对不起”，因为杜甫写了那么多描写李白的诗歌，而李白似乎经常无视杜甫。客观地说，李白要比杜甫大十一岁，在艺术成就方面，那时候李白已是大诗人，而杜甫最多算一个有一定名气的后生。所以，杜甫对李白的崇拜属于追星。

天宝三载（公元744年）三月，杜甫在洛阳城终于见到了偶像李白，然后对李白大加赞美！那时候李白刚被唐玄宗“赐金放还”，实际上就是被贬了，正好内心也是忧愤而无奈。这下好了，看见杜甫对自己的各种赞扬，兴致一高就带着杜甫，去山东一带漫游，一起去拜访隐身山林的高人。再后来，高适也加入了他们的行列，他们仨一起过上了追鹰逐兔、痛饮狂歌、登临高台、怀古论今的日子。

当然在见到李白之前，杜甫人生中还发生了两件非常重要的事。一个是因为光顾看外面的世界，没有背考试大纲，结果第一次科举考试名落孙山。另一个就是他终于在29岁那年，结束了光棍生活，迎娶了比自己小十一岁的杨氏为妻。

这个时候的杜甫的生活还是很滋润的，有家财，有良田，有娇妻，他不用工作，只需读圣贤书，行万里路，随时都可以收拾背包开始一场说走就走的旅行，逍遥乐哉！不过，天有不测风云，人有旦夕祸福，杜甫的好日子没过几年，老父亲却突然去世了。家里的顶梁柱倒下了，一下子没有了经济来源，坐吃山空，生活变得非常拮据。

现在，生活的重担就全压在了文弱的杜甫身上。而杜甫却把“宝”押在了考取功名之上。虽然第一次科举考试失败了，但他坚信只要朝廷再次组织科举考试，以他的学识、才华、能力，一定可以在政治上有一番作为。

天宝六载（公元747年），朝廷昭告天下，要组织一次特殊的人才选拔考试。杜甫一看机会终于来了，赶紧就报名参加，让媳妇杨氏在家等他金榜题名的好消息。他自己则精神抖擞，满怀信心和抱负上路赶考，这一年他已经36岁了。

然而这次，杜甫又失望了！他自认为超常发挥，铁定能被录取，但在揭榜的时候，发现自己再次名落孙山！可当他再定睛一看时却发现，天啊！不光是自己没有被录取，所有参加考试的人都没有被录取！难道自己参加了一场假考试！

是的，杜甫遭遇了一场假考试，一场骗局。骗局的导演就是本次考试的主考官——当朝宰相李林甫，他为了证明自己的人事工作做得不错，就导演了这场骗局。考试结束后，他就屁颠屁颠地跑去找唐玄宗说：“您看一个人都没录取，这说明野无遗贤啊！精明能干的人目前都在咱们的队伍里呢！”唐玄宗一听乐呵呵地同意了，这事就结束了。但杜甫的人生，却由此跌到了低谷。

杜甫总是不相信命运的，他有一种倔劲，为了实现自己的政治理想，为了给自己的妻子更好的生活。从公元747年到公元755年，杜甫一直在京城长安找工作。他希望能实现自己的抱负，但总是不得志。最后为了糊口，无奈地接受了一个类似于股级干部的职务，主要职责就是负责看守兵甲器杖，管理门禁锁钥。

这期间，他跟媳妇杨氏处于两地分居的状态，杨氏独自一人在老家下地劳作，自力更生，照料儿女，省吃俭用，但生活依旧很窘迫。公元755年农历十一月，杜甫好不容易从长安回来祭祀祖先，刚到家门口就听到了哀号的声音。因为生活实在太贫寒，他的小儿子竟然被活活饿死了。

杜甫自责地写道："老妻寄异县，十口隔风雪。""入门闻号啕，幼子饥已卒。"这对于一个有雄心壮志的中年男子而言，该是多么伤心。

再后来"安史之乱"爆发，杜甫带着妻小四处逃亡。面对贫困、疾病、频繁的分别和担惊受怕，杜甫和杨氏却表现出了患难与共的决心。杜甫过得再苦再穷，都没有弃杨氏而不顾。那边杨氏始终以娇弱的肩膀扛锄头种地，背行囊逃难，夫唱妇随。

据记载，杨氏为杜甫共生养了八个孩子。在兵荒马乱四处漂泊的日子里，杨氏苦苦维系着这个家庭。杜甫很感动。所以，杜甫有很多诗句都是用来思念和感恩他的妻子。比如，夸赞妻子美艳的“仳离放红蕊，想像嚬青蛾”，意思是妻子的姿容如同花蕊一样娇艳，一颦一笑就像嫦娥一样美艳。夸媳妇贤惠的“世乱怜渠小，家贫仰母慈”，意思是乱世孩子小，全靠妻子照应和操劳。

再后来，杜甫虽然心系苍生，胸怀国事，但还是辞官去了四川。他和杨氏生活在成都的那段时光应该是他们最恬静、最幸福的日子。杜甫写了一首《江村》描绘那段时光。那段时光平淡而美好，安逸而幸福。他们生活的地方就是现在成都著名的旅游打卡点“杜甫草堂”。

清江一曲抱村流，长安江村事事幽。自去自来堂上燕，相亲相近水中鸥。老妻画纸为棋局，稚子敲针作钓钩。但有故人供禄米，微躯此外更何求。

纵观杜甫和杨氏的爱情，没有轰轰烈烈，更多的是患难见真情。他们是不幸的，本可以在琴棋书画中安度一生，却遭遇乱世，不得安宁。但他们又是幸运的，执子之手，与子偕老，彼此牵挂，彼此陪伴。

这也许就是我们常说的“陪伴，是最长情的告白”。

长谈资的小段子

防不胜防的高帽子

大吃货、大才子、大情圣、大文人袁枚因为水平太高，二十多岁就当上了七品县令。他履职前专门去探望了他的恩师，恩师想对他寄语几句，就问袁枚：“要去当官了，做了哪些准备去面对新机遇和新挑战？”谁料，袁枚直截了当地说：“没啥准备的，就准备了百顶高帽子！”

恩师大怒，批评说：“年纪轻轻，怎么如此圆滑、世故？”袁枚赶紧悔罪：“这世道，像您一样不喜欢戴高帽子的贤良，不多了！”

此时再看恩师，既窃喜又故作严肃。这出神入化的高帽子，防不胜防啊！

房玄龄看人知病情

唐初名相房玄龄人缘好，一次他得了重病，几乎进了鬼门关，同僚都来探望，可一个后生却说：“人病轻时去探望，往后还有个照应。人病重时探望，有何意义？”

房玄龄后来病情好转，有大嘴巴的人就将这件事告诉了房玄龄。后来，后生怯怯地跟随众人也去拜访探望，房玄龄看见后生来，高兴地说：“你也来看我了，看来我这把老骨头肯定没问题了。”

齐白石画『发财图』

一天，有客人拜访齐白石，并求画“发财图”。齐白石就问怎么画。客人让齐白石先出方案，齐白石提出画财神爷赵公明，客人摇头。又提出画印玺衣冠，客人还是摇头。再提出画绳索刀枪，客人的头摇得跟拨浪鼓一样。

客人终于说出了想法：“画个算盘如何？”齐白石大喜，君子爱财，取之有道，公平，仁义。遂一气呵成。客人走后，齐白石觉得很有意思，又原样画了一幅自己收藏。

看来，以后开业乔迁之喜什么的，除了送发财树，送个算盘也很有新意！

发『微博』的曾国藩

一般而言，日记都是私密的。但是曾国藩的日记却是公开的，他把自己的日记经常誊抄好几份给好友看，这些朋友也有意思，就在日记旁边或批注，或发表意见，或鼓励。到时候，再统一交回到曾国藩这里。

这就好比曾国藩发了一条微博，朋友圈的小伙伴们纷纷留言点赞。好超前啊！

别人家的老师

马融是东汉著名的儒家学者，因为学识渊博，全国各地的人都慕名追随他学习深造。

马融老师虽然治学很严谨，但他人很任性、不拘小节，所以他的授课方式也很特别，叫做“前授生徒，后列女乐”。就是他在前面讲课，后面还有一个女子乐队在配合演奏。你说，这学生多纠结，是该朝前看啊，还是该朝后看啊。

所以有人说，马融老师那么多学生，为啥出名的不多，就是因为学生们大都是冲着女子乐队去的！

被逼出来的发明家白居易

白居易空有满腔的家国情怀，却被贬至江州，无奈炼起了仙丹，而且还抽空发明了“飞云履”。这鞋很潮、很酷，鞋的四周全都是用绢绣出云朵的形状，一跺脚就像腾云驾雾，行走在云间，穿上就像活神仙。

白居易也很得意，还对深山中的朋友说：“兄弟你在家等我，我穿着飞云履马上就到你府上，咱俩喝两杯！”

奇人总能出奇制胜

李膺是东汉一个奇人，他生性高傲，但确实厉害，当武将能率军打退鲜卑，做文人能写名篇文章。最重要的是特别有节操，这让贪官污吏都很惧怕。

话说，李膺刚当上青州刺史时，就放话要把青州的贪官查个底朝天！心虚的官吏就联合上演了一出“以退为进”的大戏，七十余县的官员集体生病，都请求辞职回家养病，要撂挑子不干了！但万万没想到啊，李膺的应对很机智：辞职可以，把医院的病历证明拿来！县官们被逼得直撞墙，却又无可奈何！

拦轿申冤，可是一个技术活儿

在反映古代生活的影视剧里，老百姓申冤时经常会拦官轿。但实际上，这可是个技术活，因为身着顶戴花翎的，不一定都是青天大老爷。

某日，盐运使张映玑因公外出，突然一妇人拦住他的轿子，扑通一声跪地，高喊：“大人，我冤啊！”张映玑赶紧下轿，询问缘由。原来妇人告的是她的老公。因为他喜欢小三，要休了自己，她觉得委屈，希望青天大老爷可以伸张正义，教训教训这个负心汉。

可张映玑是一个盐官，根本管不了这事，于是，他就打趣地回答：“我是买盐官，不管你吃醋！”

哈哈！扎心了老铁，心疼这妇人三秒钟。

李白的『爽』

酒场上能喝的人一般兄弟哥儿们都多！李白也是如此，因为是大咖级别的人物，所以酒局就更多了。连他走了霉运，被发配白帝城，这一路也是吃吃喝喝过来的。

按道理，从长安城到白帝城，基本个把月就能到！但李白人缘好，人气高，一路走走停停，几乎每到一地，沿途的粉丝、官吏、乡绅，都要和他约一约，品品酒、写写诗。于是，走了小半年才到了白帝城。

其实这一路，李白都是借酒消愁。本以为要将牢底坐穿，但没想到幸福来得太突然！李白刚进白帝城就看到了赦免令。这一天牢没坐就被赦免的幸福，简直太爽了！

于是大伙得出一个结论：该吃吃，该喝喝，遇事别往心里搁！

甘茂时任秦国宰相，位高权重。但再怎么厉害，也是秦王的下属，得看秦王的脸色行事。当时，秦王很欣赏公孙衍，并在一次密会中说要任命公孙衍为宰相。这事被甘茂的耳目听见了，就赶紧告诉甘茂。

甘茂一听十分生气！可随后静下心一想，计上心头。他赶紧面见秦王，开口就道喜：“听说王已得贤相，特前来拜贺。”秦王赶紧装傻充愣说：“卿就是贤相，哪里再得贤相？”甘茂追问：“听闻王将要用公孙衍为相。”秦王笑着问：“谁告诉你的？”甘茂脸不红心不跳地说就是公孙衍！

结果，秦王很生气，说公孙衍嘴上没毛办事不牢，就把公孙衍放逐了。

第三章

万万没想到

惊掉下巴，别以为古人都是土老帽

古今对比

长知识！把妈叫『姐姐』，古代过『母亲节』指南

现代的母亲节起源于美国。这让人不禁奇怪，以孝文化著称的中国古代为什么没有设立母亲节？

要解答这个问题，其实很简单。在古代，孝道已经融入人们的生活，是最基本的行为规范，并且封建王朝对孝予以了制度保障。以举孝廉为例，进入仕途的第一标准，就是考查你孝不孝。再比如，各朝政府关于孝大都有立法。不孝，对不起，你犯罪了！西周时期认为不孝是罪大恶极，不容赦免。秦始皇时期更是规定对不孝之人直接处死。北齐首次确立了“重罪十条”，不孝罪列为第八条，这是“十恶不赦”最早的形态。所以，自古以来

《北齐律》规定：一曰反逆，二曰大逆，三曰叛，四曰降，五曰恶逆，六曰不道，七曰不敬，八曰不孝，九曰不义，十曰内乱。

孝道就是中国的主流文化，再加上礼乐的教化，古代虽没有母亲节，但天天都是“母亲节”。

古人除行为上孝顺母亲外，叫起妈来也特亲！因为，他们不仅仅把妈叫“妈”，也有可能叫“姐姐”。这要是搁现在，咱妈听了一定特开心，因为又年轻了几十岁啊！

在汉朝时期的四川地区就有把妈叫“姐姐”的传统。汉安帝年间的大学者许慎在他的《说文解字》一书中说：“姐本蜀人呼母之称。”这句话的意思就是说，“姐姐”原本是四川人叫母亲的一种称呼。还有宋朝时期，母亲也有被称为“姐姐”的习惯。根据《四朝闻见录》记载，宋高宗赵构曾给宠妃吴氏许诺要立她为后。可是迟迟没有动静，吴氏就开始撒娇卖萌，央求宋高宗尽快为她举行册封典礼，宋高宗就对吴氏说：“俟姐姐归，当举行。”意思是说：“等‘姐姐’回来之后，就举行册封典礼。”据考证，这里的“姐姐”指的就是宋高宗的母亲韦太后。所以，“姐姐”不一定专指姐姐，还有可能指母亲。

在魏晋南北朝时期，不同民族文化互相融合，母亲的称呼也在融合变化。这一时期母亲多被叫做“家家”或者“阿家”。有记载称北朝的齐世宗把自己的侄女乐安公主嫁给了权臣崔暹的儿子崔达拏为妻。有一次，齐世宗跟乐安公主唠嗑，就问：“崔达拏对你怎么样啊？”乐安公主回答：“甚相敬。惟阿家憎儿。”就是说，老公对我挺好的，就是婆媳关系不好处，“阿家”不是太喜欢我。这里的“阿家”指的就是崔达拏的母亲。后来，因为这场唠嗑引发了一场血案，齐世宗为给乐安公主出气杀了崔达拏的母亲。而北齐灭亡后，崔达拏为母报仇杀了乐安公主。

另外，如果各位经常看各类清宫戏，就会发现皇子一般都管自己的母亲叫“额娘”，这是满族人对母亲的称呼，读法类似于“额（é）涅（niè）”，翻译成汉语的时候考虑让大家都能听得明白，就音译成了“额娘”。

那问题来了。把母亲叫“妈”是从什么时候开始的？其实，汉魏时期就已经出现了。根据三国时期魏国张揖的《广雅·释亲》里记载，“妈，母也”，但那时候更多的都是用于书面语，直到宋元之后小说快速发展，“妈”才普遍成为母亲的口语化表达。有一个很有意思的现象，以前南方人非常喜欢管妈叫“老妈子”，这原本是一种特亲切的叫法。但是现在因为风俗变了，味道就全变了，“老妈子”等同于保姆。妈妈们表示：“不开心，不想伺候人，我还想当姐姐呢。”

说真的，古代当妈的根本不可能成为家里的免费保姆，更别提帮忙做饭、带孩子。著名的“二十四孝”里记载了很多大孝子是怎么侍奉父母的故事。当然像“郭巨埋儿”这样的孝，我不敢认同，但我另外要讲的两个故事，却符合当代“孝”的价值取向，即孝是关爱。

第一个故事的主人公叫仲由，是春秋时期鲁国人，孔夫子的得意门生。当年他家境贫寒，在外打拼，把挣来的钱都换成大米，自己却舍不得吃，经常用野菜充饥。他把积攒下来的大米，每回趁着放假从百里之外打工的地方背到家里让父母吃，给父母补充营养。就这样，无论刮风下雨、酷暑寒冬，仲由从没有停止为父母负米的脚步。后来双亲不在了，他也做了高官，吃着非常丰盛的筵席，可他却常常怀念双亲，慨叹地说："即使我想吃野菜，再为父母去负米，也已经没有机会了！"孔子对此赞扬说："你侍奉父母，生时尽力，死后思念！"

第二个故事的主人公黄庭坚是北宋的著名诗人、书法家。黄庭坚在事业、艺术方面，是大咖级别的人物，生前与苏轼齐名，世称"苏黄"。他虽然身居高位、享有各种盛誉，但是他为人谦恭，尤其是对待自己的母亲特别孝顺。侍奉母亲时竭尽全力、亲力亲为。有个细节，每天晚上，他都会亲自给母亲擦洗前一天使用过的夜壶。别人就说："这些事你让仆人去做啊！"黄庭坚却说："母亲把自己养大很不容易，侍奉母亲这件事不是别人的职责。"

读完以上两则故事，大家有何感想？我们讲百善孝为先，虽然时代不同，但孝的实质和内涵从来都没有变过，孝就是回馈、关爱、陪伴、尊重。

当然，孝也不是只表现在口头上的，还要表现在具体的一件一件事上。比如做好自己的工作，让父母不担心、少操心。比如，多回家、多沟通、多陪伴、多尊重。比如，带着孩子跟父母一起去旅行等。

恭祝全天下的母亲，身体健康，万事顺意。

防不胜防，骗子多了傻瓜明显不够用

每一个傻瓜面前都会有一个骗子。最后让人分不清，是傻瓜太多骗子不够用，还是骗子太多傻瓜不够用。

《经世奇谋》中记载了两段有趣的故事。

宋朝有两个在洛阳龙门山隐居的薛姓隐士，他们的祖辈是朝廷高官，积累了不少财富。可是等到他们这辈人却坐吃山空，虽然还算不上家道中落，但早已经不是大富大贵，当然，对于隐士而言，金钱财富并不重要，否则为什么要做隐士。

一天，有一个道士来到这两个隐士的家里求水喝，因为是同道中人，两人就客客气气地请道士入座。一番交谈，道士高谈阔论，两个隐士立刻成了他的崇拜者。

道士看两个隐士诚心诚意与自己结交，就说明了此番前来的真实目的："其实我并不是口渴求水，而是从这向东南百步的地方有五棵老松树，那里一直笼罩着'宝气'，这是因为树底下埋藏着百斤黄金和两把龙泉宝剑，得到黄金可以救世扶贫，得到宝剑可以斩妖除魔。我一直想得到宝剑，以展示降妖除魔之术，而黄金可以分给你们，但你们需要帮助我。"

本来作为隐士，钱财乃身外之物，可这俩隐士身在山林心在市，"成功"被金钱击倒，急忙就问："需要做些什么？"道士回答："需要准备开坛作法的物料，因为只有在选定的良辰吉日开坛作法后才能取出宝藏，否则，私自打开宝藏就会潜入黄土，无迹可寻。"

可当道士开出一长串的物料单时，俩隐士犯难了。因为这物料单上多是名贵且价格不菲的丝绸、绢匹，更要命的是，祭祀的器皿还必须全都是金银材质。家里砸锅卖铁也凑不出这么多东西啊！更重要的是，钱还没到手就先花这么多钱，会不会有问题呢？俩隐士窃窃私语犯嘀咕。

道士似乎知道他们的难言之隐，上前一步说："我有点化金银之术，所以对金钱根本不在乎。现在有四箱财物放在一处，不如先寄存你们家，你们派人去取吧。"

为了保险起见，俩隐士就安排人取回了沉甸甸的四箱财物，心里才踏实了一些。他们把心一横，撸起袖子砸锅卖铁就去筹集祭祀和供奉的物料，不够的他们还找人去借，终于按期准备妥当了。

到了作法的日期，道士在五棵松树前设坛作法。他先是让俩隐士行跪拜礼，完了之后就对他们说：“你们速速回家等待，我要施展法术，千万不要偷看，否则会遭反噬，施法完毕后，此处火光满天，你们自然能看到。到时候再来此处取这百斤黄金。”

俩隐士很遗憾不能亲眼见证奇迹，就只能回家等待火光满天时的召唤。可是左等右等，直至半夜还没有一点动静。抓肝挠心地终于忍到了天亮。他们觉得不对劲，就赶紧跑到作法现场，可是来到五棵松树前他们傻了，发现金器、丝绸全被道士带走了，地上只有车轮兽蹄的痕迹。俩隐士发觉上当了，又发疯地往回跑，打开道士留下的四个大箱子。天啊！里面全是碎石破瓦！

从此，他们家道败落。他们又惊疑又忧愁又惭愧，但是家丑不可外扬啊，也只有忍气吞声。

还有一个故事，唐朝时期，护军李全皋丢掉淮海监的职务后，暂时住在开元寺内，他本想回西部老家，可是朝廷没有批准。一天，军中一个小校尉给他介绍了一个道士新朋友，对方自称可以用炉炼金。李全皋一听连眼神都亮了，这是“大神”

啊！赶紧以礼相待，两个人相谈甚欢。

李全皋特想见识如何用炉炼金。道士却说，这可是他的独门绝技，不过咱们哥儿俩好，就给你显一显身手。然后就让李全皋准备了一个能装五六升米的铁鼎，说还需要二十多两黄金作为引子，底下加火烧炼，再每天往鼎里添加水银等药物，等火候到了，一铁鼎里都是金子，循环往复，就能财源滚滚。

李全皋心里想着，虽然这二十多两黄金需要自掏腰包，但如果事成了，这可是一本万利啊！狠狠心，本着舍不得孩子套不着狼的思想，立刻从身上摸出二十多两黄金，全交给了道士，又按照道士的吩咐准备好了炼金的“秘制配方”，然后就等着见证奇迹。

刚开始几天，他亲自陪着道士炼金，忙得不亦乐乎。可是炼金实在枯燥，他有些疲惫，但仍然不放心，就安排亲信替自己看守。终于到了可以检验炼金成效的这一天，虔诚的李全皋斋戒沐浴，当他打开炼金铁鼎的盖子，满眼都是金灿灿的！他激动万分，这下眼见为实，终于找到了致富的新门路，就赶紧拜谢道士。

按道理，这批刚炼好的金子，还需要用文火炼上三天，才可以正式出炉。可是第一天，道士请假没来，但铁鼎继续烧炼，李全皋也没在意。第二天、第三天，道士仍然没有出现，李全皋就觉得有点蹊跷，于是赶紧打开炼金的铁鼎，一看，里面空空如也！连自己的本金都没有了！

李全皋顿时只觉得头脑一片空白，赶紧安排人去找道士，却根本找不到人。最后，无处撒气的李全皋只能让小校尉背黑锅："谁让你把这个骗子引荐给我的，你还我金子。"悲催的小校尉还了二十多两金子，这事才算完。

其实这么看来，不是骗子多，而是贪婪的人多。

古人称妻子为太太、老婆、娘子，好有文化好时髦

许多中国男人骨子里是很时髦的，时代在变，思想肯定也在变，就连介绍自己的另一半都在紧跟潮流。

汉字博大精深，文字组合到一起，一定有其内涵和意义，老婆、妻子、太太、爱人，甚至夫人、内人、娘子等，这些形容媳妇的称谓，到底包含什么样的文化？又是怎么形成的呢？

根据《礼记·曲礼下》记载，虽然实际上都是媳妇，但由于丈夫地位不同，媳妇的称呼就不一样，这体现的是封建等级制度。在古代，如果你是普通老百姓，你的媳妇就只能叫做妻子。如果你非要自抬身价，把媳妇叫“夫人”或者“孺人”，那可就坏了规矩。不过，随着朝代的更迭，

『天子之妃曰后，诸侯曰夫人，大夫曰孺人……庶人曰妻。』

规矩也就不停地变化，媳妇的称呼也在不断地变化。

现如今，还有很多人把自己的媳妇叫“太太”。在明清时期，“太太”一词专指一、二品官员的媳妇，一般人的媳妇是不能称“太太”的。后来，规矩没有那么严格了，大家也都希望抬抬身价，所以官僚士大夫之妻都可以称为“太太”。

但是，“太太”一词其实是很有内涵的，有一种说法是，“太太”跟周朝三位伟大的女性有关，分别是太姜、太任、太姒。太姜是周文王姬昌的奶奶，她教子有方，她的三个儿子对于继承王位这事，竟然互相推让，成为千古佳话。太任是周文王姬昌的母亲，她怀周文王姬昌的时候，“目不视恶色，耳不听淫声，口不出傲言”，结果就是周文王懂事后就特圣明。太姒是周文王姬昌的妻子，史书评述她以道德教化天下，被尊称为“文母”。

正因为有了太姜、太任、太姒三位伟大女性的辅佐，才奠定了周朝八百年的基业。所以后世就将“太太”一词，作为对已婚女性的尊称，也隐含贤内助的意思。

“老婆”应该是现如今称呼媳妇最多的词。可能您都不信，最早叫“老婆”的竟然是唐朝人。想象一下这个场景：长安城一户农家里媳妇做了一碗油泼面喊丈夫来吃：“老公，爱心午餐做好了，赶紧吃！”丈夫幸福地端起碗大口地吃起来，还连连称赞：“老婆，香得很！”两口子莞尔一笑，这是多和谐的场景啊！

关于“老婆”的来历有这样一个传说：唐朝有个读书人，寒窗苦读，一直在追求功名。这期间，有文化和学识的媳妇给予了他莫大的支持和鼓励。终于功夫不负有心人，读书人顺利步入了仕途。但是，读书人苦尽甘来之后就有点飘，觉得自己媳妇年老色衰，就想再寻新欢。可是读书人还是比较斯文，也念旧情，没好意思说出口，但憋在心里又很不甘，于是就写了一个上联，内容是：荷败莲残，落叶归根成老藕。意思是说荷花残败，淤泥下的藕也就变成了老藕。都说女人结婚后是半个福尔摩斯，他媳妇看到这个上联，就明白丈夫心里的小九九，于是提笔写了下联：禾黄稻熟，吹糠见米现新粮。意思是说，稻谷泛黄的时候去皮见米全是新粮！这上下联，“禾稻”对“荷莲”，“新粮”对“老藕”，而且“新粮”与“新娘”还谐音，这小媳妇的才能不输丈夫！

后来，丈夫看见媳妇的下联，也很受感动，就放弃了纳妾的念头。妻子当然很高兴，看见丈夫还是情意绵绵，就又挥毫泼墨，写下“老公十分公道”，丈夫看见后也续了下联“老婆一片婆心”。从此，就有了“老公”和“老婆”这两个词，民间也有了夫妻间互称“老公”和“老婆”的习俗。

另外，中国人有时候很含蓄，比较谦虚谨慎，所以很长一段时间，还用“内人”来形容媳妇。这个由来很简单，就是古代男主外，女主内。最早用“内人”来形容媳妇的记载出自《礼记·檀弓下》，鲁国大夫文伯去世，朋友诸臣未有出涕者，而内人皆行哭失声。意思就是说文伯去世后，他的朋友和同事都没有痛哭流涕，他的“内人”全都放声大哭起来。这里的“内人”指的就是他的妻妾。但是在唐朝，“内人”就专指“烟花女子”。根据《教坊记》记载：“妓女入宜春院，谓之内人”。但到了清朝，仍然有很多人用“内人”来称呼自己的媳妇，而且还有很多诗词为证。

其实，小时候记忆最深的关于夫妻的称呼，应该是官人、娘子。对这两个称呼用得最多的应该是电视剧《新白娘子传奇》。在南宋以前，“官人”是对朝廷任命的正式官员的称呼，老百姓是没有资格叫的。到了南宋，因为官员泛滥，“官人”“娘子”才慢慢“贬值”，变得平民化。包括我们现在常说的“新郎官”“新娘子”其实就是从这里演变而来的。

当然，到了近现代，我们经常听别人说，“这是我爱人”。“爱人”这一称谓最早出自郭沫若写的诗歌，诗歌将爱人引申为爱的人，随后这一称呼逐渐被大家接受和认可。

现在，明白了媳妇各种称谓的由来和内涵，你觉得哪个更有格调，更喜欢呢？

大文豪的打油诗，就是调皮！

艺术源于生活，高于生活。写诗也一样。而打油诗则是诗坛的一朵奇葩。

“从前有只羊，爱跳墙，终于跳过去，墙外是条狼！”

“大明湖，明湖大，大明湖里有荷花，荷花上面有蛤蟆，一戳一蹦跶！”

…………

各位，您细品，打油诗的魅力在于它的趣味性、知识性和故事性，不但诗本身有趣、幽默、俚俗，还暗含讥讽，甚至无厘头。所以，打油诗画面感强、生动活泼、朗朗上口，给传统文化增添了一抹亮色。

提到打油诗，就不能不提其开山鼻祖——张打油。这位兄弟是唐代非著名诗人，他自己也觉得跟李白、杜甫相比，根本就不是一个量级，所以就插科打诨，经常写一些“不正经”的诗歌，本想着聊以自慰，但万万没想到，他的诗因为幽默、诙谐、生动，一下子就火了！

这兄弟的代表作叫做《雪诗》：“江上一笼统，井上黑窟窿，黄狗身上白，白狗身上肿。”诗里都是大白话，却像一部动画片：雪下得很大，江面朦胧不清，除了井口是个黑窟窿，全都是白茫茫一片。雪地里有两条狗，一条黄狗因为浑身是雪变成了大白狗，一条白狗因为浑身的雪，就像全身浮肿一样！

咱仔细琢磨一下，这首咏雪的诗通篇没有一个雪字，却把大雪纷飞的景象描绘得很生动形象。所以说，这位张打油兄弟作不正经的诗，也是动了一番脑筋的。后来，凭借这些不正经的打油诗，他的名气越来越大，人们就将这种不讲平仄对仗，却诙谐幽默的诗以他的名字命名，称为打油诗。

其实，并非所有打油诗均出自小文人之手，大文豪来了兴趣，也会作打油诗。

刚才提到的李白和杜甫是唐代最著名的两个诗人，他们一个号称“诗仙”，一个号称“诗圣”，代表了唐代浪漫主义和现实主义诗歌的两座高峰。不过，杜甫是李白的铁粉，所以他给李白写了许多脍炙人口的诗歌，如《冬日有怀李白》《春日忆李白》《梦李白二首》等等，真是冬天想完春天想，春天想完梦里还想！

或许因为李白是大咖，粉丝众多，所以李白很少给他的朋友赠诗，唯独有一篇是大家比较熟悉的，就是《赠汪伦》。

其实，李白为此也曾深感不安。为了弥补过失，有一天就写了一首打油诗要送给杜甫，诗是这样的："饭颗山头逢杜甫，顶戴笠子日卓午。借问别来太瘦生，总为从来作诗苦。"这诗的意思是说，他在一个山头遇见了杜甫，大中午的看见杜甫头戴一顶竹子编的帽子，整个人显得特别消瘦，就问他咋的了。原来，我们只关心他飞得高不高，却不知道他飞得累不累，杜甫写诗都快憋出血、累吐血了！诗仙就是诗仙，打油诗都写得如此有水平，就不知道杜甫会怎么看。

大文豪欧阳修也是写打油诗的高手。据说，一次他去饭店吃饭，店家一看欧阳修这位大咖光临，赶紧把好肉好菜都端上来。欧阳修用完餐，店家来到他面前问，饭菜质量能给个5星好评不？还有什么意见？欧阳修想了想，就给店家写了一首打油诗，内容是："大雨哗哗飘湿墙，诸葛无计找张良。关公跑了赤兔马，刘备抡刀上战场。"

各位，有没有品出来，这四句诗句句都是意见。第一句"大雨哗哗飘湿墙"，墙被大雨淋湿是因为没有屋檐，这里的屋檐和

“无盐”同音。第二句“诸葛无计找张良”，这里的无计就是无算计，无算和“无蒜”同音。第三句“关公跑了赤兔马”，赤兔马怎么能跑了呢？肯定是没有拴好缰绳，这里没有缰就是“无姜”的意思。第四句“刘备抡刀上战场”，这句有意思，刘备帐下无将，成了光杆司令，所以只能自己上战场。这里无将和“无酱”同音。所以这么看来，这家饭店的饭菜质量确实不怎么样，有的缺盐，有的缺蒜，有的没有生姜，有的没有酱，5星好评有点难。

明朝大才子解缙更是将打油诗创作得出神入化。相传，解缙18岁那年参加乡试，考中了第一名。年轻气盛的解缙自然很傲娇，迈着趾高气扬的步伐，得意扬扬地回家报喜。可这天正下小雨，路面湿滑，解缙不小心摔了一个大马趴，非常狼狈，引得路旁的人都哈哈大笑。解缙有些不好意思，却自嘲地随口念道：“春雨贵如油，下得满街流。跌倒解学士，笑煞一群牛。”真心佩服，才子就是才子，几句打油诗就把尴尬化解了。

北宋的著名词人，懂生活，更会享受生活的张先，他在80岁高龄的时候，娶了个18岁的小妾。很高兴，也很嘚瑟，就自己写了一首诗：“我年八十卿十八，卿是红颜我白发。与卿颠倒本同庚，只隔中间一花甲。”张先很有一种“老夫少妻”的骄傲心态。

还有郑板桥，他在没有成名之前家境不是很富裕。一天夜里，他家里偷偷溜进来一位梁上君子。小偷可能是新手，很快就被郑板桥发现了。郑板桥知道自己的钱包比自己的脸还干净，就故意放话：“大风起兮月正昏，有劳君子到寒门。诗书腹内藏千卷，钱钞床上无分文。出门当心黄尾犬，翻墙莫碰兰花盆。夜深不及披衣送，收起雄心回家门。”郑板桥非常聪明，不与小偷正面交锋，而是用打油诗直白喊话：我家里没钱，你赶紧跑路，小心黄狗，别碰花盆，我不送你，你赶紧回家。

看了这些大文豪的大作你就会发现，打油诗看似无章法，却需要深厚的文化功底，才能构思巧、创意妙，彰显它的艺术性、创造性。这就不难理解这么多大文豪都有创作打油诗的雅兴了。

黑历史！竟然有人『偷窥』杜牧

杜牧是晚唐诗坛独树一帜的领军人物，其诗坛生涯是一座让人仰慕的高峰。

他身世显赫，是宰相杜佑之孙、杜从郁之子，标准的官宦子弟。但他才华横溢，博通经史，政治智慧超人，23岁作出《阿房宫赋》，表达出震撼人心的思想力量，使其名声大振！25岁作出长篇五言古诗《感怀诗》，表达对藩镇问题的见解，更令其名震四方！26岁进士及第，正式进入仕途。

杜牧有才，又懂政治，这样的人自古都是香饽饽，大和七年（公元833年）四月，杜牧应淮南节度使牛僧孺邀请，由宣州（今安徽宣城）来到扬州（今江苏扬州），为其担任幕僚，具体职位是掌书记，相当于高级文秘，这个职位在唐代是一个相当重要的职位，因为节度使府公务繁重，很多事情都需要通过公文上传下达，因此，能担任此职务的都是文字高手。正所谓“文辞之事，皆出书记，非闳辨通敏兼人之才莫宜居之”，牛僧孺力邀杜牧为掌书记，可见对这个年轻人的器重。

有必要特别说明，“安史之乱”后，长安城差不多真成了“废都”，南方经济的发展让扬州、成都成为新的经济中心，特别是扬州，此时贸易发达，商贾云集，是唐代极繁华的商业中心。正所谓“腰缠十万贯，骑鹤上扬州”，特别到了晚上，十里长街到处灯红酒绿，莺歌燕舞，是真正的天上人间。

自古才子多风流！似乎只有经历过、体验过、享受过风花雪月的浪漫，才能写出诗情画意的篇章，才能抒发此情意真切的情感。扬州的一切让本来就有公子哥习气的大才子杜牧很享受，以至流连忘返！他时常在公务之余，趁着夜色私服外出，饮酒宴游，流连于花街柳巷。

对此，他的领导牛僧孺当然是清楚的，也很不放心。本来，流连于花街柳巷，这是个人很私密的事情，也不好出面拦阻，但是万一杜牧酒后闹事，捅了娄子，这不好交差啊，以后谁还可以给他写材料呢？于是，出于对下属的关心和对人才的重视，好领导牛僧孺就秘密下令，派兵卒三十人换上便服暗中全程跟随保护杜牧。而杜牧这兄弟玩得很兴奋，自始至终都没有察觉。

就这样，在“狗仔队”的眼皮底下，他每次出去都玩得不亦乐乎，却不知自己的言行都被暗中观察且记录在案。

大和九年（公元835年），杜牧升官了，官拜监察御史，将赴长安供职，老领导牛僧孺就摆了一桌子酒席要为他饯行。席间，老领导面色难堪，却语重心长，一副过来人的模样奉劝杜牧：“你啊，气度旷达，性情豪迈，将来必然前途无量，只是我常常担忧你酒色过度，影响身体啊！”杜牧一听，面露难堪之色，就开始狡辩掩盖，说自己平时是很注重名节的，生活也很检点。

此时老领导牛僧孺笑而不答，心里可能想着：“年轻人真是不见棺材不掉泪啊！”于是，就命人拿出一个小匣子，并当着杜牧的面打开，里面是什么呢？没错！都是那些便衣卫兵的密报，上面详细记录着“某月某日，杜牧去了谁家，跟谁过了夜”等等，并向杜牧解释了密派便衣的初衷。再看此时的杜牧，那叫一个尴尬，他羞愧交加，泣拜牛僧孺对自己的栽培、照顾，并保证今后约束自己的行为。

但是，才子的风流是戒不了的。杜牧到长安不久，又被安排到东都洛阳上班。当时，洛阳有个赋闲在家的原兵部尚书李愿，特会享受生活，家里还有一个歌伎团，里面美女如云，各个才艺甚佳，经常举办各种派对活动，洛阳当地的名士和官员都是其座上宾，杜牧也早有耳闻。可是很尴尬，自从来洛阳后，李愿从来都没有邀请他参加过。一打听才知道，因为自己是监察官员，李愿不敢邀请，这就让杜牧很无语，心里想：“兄弟，你咋这么不了解我的作风？”

这一天，李愿又载歌载舞宴请宾朋开怀畅饮，照例没有邀请杜牧。杜牧终于按捺不住自己那颗蠢蠢欲动的心，连忙派人私下找李愿，表达了想参加派对的意愿。李愿知道后，大吃一惊，赶紧派人来请。

> 杜为御史，分务洛阳时，李司徒罢镇闲居，声伎豪华，为当时第一。洛中名士，咸谒见之。李乃大开筵席，当时朝客高流，无不臻赴。以杜持宪，不敢邀致。杜遣座客达意，愿与斯会。李不得已，驰书。

收到请柬，杜牧大步流星赶赴派对现场，跟李愿简单寒暄后入座，定睛一看，这氛围、这阵势果然名不虚传，心里是乐开了花，自斟自饮连续三杯，来了兴致之后也不顾他人，大声问：“我听说有个叫紫云的姑娘，是谁啊？”

看来，杜牧此番参加派对是有备而来，连歌伎团的头牌姑娘紫云都知道。李愿便指给杜牧看。杜牧凝视良久：“果然是名不虚传。你应当把她送给我！”随即还赋诗一首《兵部尚书席上作》：

华堂今日绮筵开，
谁唤分司御史来。
偶发狂言惊满坐，
三重粉面一时回。

杜牧一吟即出，语惊四座，所有人都惊异地看着他，而他则是一副旁若无人的模样。显然，他已把扬州的盯梢事件忘到了九霄云外。

不过，到了晚年，杜牧追忆自己的一生，特别是追忆在扬州的丑事时，他才幡然悔悟，留下诗句："落魄江湖载酒行，楚腰纤细掌中轻。十年一觉扬州梦，赢得青楼薄幸名。"这是大才子在弥留之际，对往日放浪形骸、沉湎酒色生活的自嘲和追悔。生命的最后时刻，他搜罗生前文章，对火焚之，仅吩咐留下十之二三。

薛涛：千万别跟假文艺男谈恋爱，伤不起！

年轻的时候，大家喜欢装文艺，等老了，也许就会变得现实了。

薛涛和元稹的感情始于才情，终于现实，过程千回百转。薛涛终于下定决心，脱下了一生钟爱的红纱裙，换上了一袭灰色的道袍。她终于看清了，元稹是个假的“文艺青年”，但她并不怪罪元稹，她只想静静。

薛涛与鱼玄机、李冶、刘采春并称“唐代四大女诗人”，与卓文君、花蕊夫人、黄娥并称“蜀中四大才女”。她的才华和才情源于幸福的原生家庭，老爸是长安城里的官员，秉性虽然耿直，但却对“小公主”薛涛疼爱有加，亲自教授闺女学字、读诗。薛涛更是聪慧，据说八九岁就能跟父亲对诗。可是天有不测风云，薛涛的老爸得罪了权贵，被从京城长安贬到了成都，而后又被安排出使南诏国（在今云南、贵州及越南、缅甸等地），路途的劳累和水土不服，让他患了重病，永久地闭上了眼睛。这一年，薛涛14岁，自此他身上“小公主”的光环和华丽消失了，生存是她必须面对的问题。在和母亲相依为命两年后，不得已，她加入了“乐籍”，成了一名乐伎。这里的“乐籍”，指的是专门从事音乐活动的贱民户籍，她们服务于声色犬马的场所。

即使成了乐伎，有的人也总是那么的清新脱俗。薛涛凭借其“容姿既丽”和“通音律，善辩慧，工诗赋”，很快就占据了上流社会名士聚会的C位。如果说薛涛是一个名角，剑南西川节度使韦皋无疑是最捧她的大金主。一次在酒局上，薛涛出口成章，让韦皋叹服，大为欣赏。

后来，韦皋不仅让薛涛参与案牍书写工作，更上奏朝廷，希望破格任命薛涛为“校书郎”（也有一说，是武元衡奏请朝廷的）。这可了不得，按规定，这个职位至少是要求进士出身，白居易、李商隐等的仕途都是从校书郎干起的。可是很可惜，因为此事没有先例，朝廷没有批准。

此时的薛涛，身份虽然低贱，却出入上流社会，又恃才傲物，所以就有点飘。后来她的大金主不高兴了，就把她发配到边远的地方以示惩罚，薛涛这才清醒过来，自己只是一只看上去很美却被禁锢着的天鹅，就赶紧给韦皋认错！再后来，20岁的她脱去乐籍，希望开始新的生活。

终于有一天，她遇见了他。

他叫元稹，遇见薛涛时是当时的大IP诗人，仕途处于上升阶段。此时，他奉命以监察御史的身份出使东川。文人与文人总是惺惺相惜，尤其是异性文人。在中间人的撮合下，薛涛赶赴百里之外的东川梓州见到了盛名在外的元稹。

此时，虽然薛涛已经41岁，但岁月给她增加的只是风韵，她的一颦一笑依旧是那么的优雅、温婉，而又脱俗。元稹刚过而立之年，才思敏捷，而举止风雅、气宇轩昂，很快就俘获了薛涛的芳心。就这样，两个人打破世俗、无视地位，轰轰烈烈地开始了一场著名的“姐弟恋”。

在薛涛的眼里，元稹不仅文艺、绅士、有情调，而且正直、刚毅，有家国天下的胸怀，简直就是男神中的男神！所以，薛涛用火辣辣的文字，表达要与元稹相守终生的心意，而元稹也彻底陷入温柔乡不能自拔。他们在一起除了风花雪月的浪漫，也有针砭时弊的探讨，让他们成为高度契合的精神伴侣。

只是无奈，轰轰烈烈地热恋了3个月后，元稹被召回京城。据《云溪友议》记载，送别的那天，薛涛哭成了泪人，二人依依作别。

分离的日子是煎熬的，但当她收到元稹的信时却是幸福的。薛涛是一个理性大于感性的女子，但是陷入爱情时，她也会“迷失”自己的少女心，劳燕分飞时只有诗歌传情，她写四言绝句，觉得日常书写的纸张太大，也不精致。于是，才思敏捷的她就想法设法对造纸工艺进行改造，将纸染成红色，再裁剪成精致而美好的窄笺。虽然此举让薛涛成了改良造纸技术的重要贡献者，这种纸被称为“薛涛笺”，但她的本意还是抒发那份最真挚的情感。

最开始，薛涛和元稹你来我往地写情诗，而后，元稹的诗越来越少。女人生性是敏感的，薛涛知道，元稹出状况了。

其实，元稹与薛涛交往是在公元809年，这一年元稹的妻子韦丛去世，元稹与薛涛陷入热恋。两件事哪一个发生在前，无可考证。但我们更倾向于元稹与薛涛的交往是在韦丛去世之后，因为元稹对于妻子韦丛的情感也是很真挚的。为了怀念妻子，他曾写下了“曾经沧海难为水，除却巫山不是云”“诚知此恨人人有，贫贱夫妻百事哀”等千古名句。但不管怎么说，这个时间段跟薛涛热恋有点尴尬。

这里插播一段，我们常说“贫贱夫妻百事哀”，可能存在一定误读，认为“贫穷的夫妻做任何事都很难，都很悲惨。”但元稹的原意却是，“死亡这件事，无论是富贵的人，还是贫穷的人，都会感到哀伤”。

回到上文，虽然说元稹很有才华，写的情诗又那么文艺、浪漫、缠绵，但元稹在情感上真的很“俗”，或者说很现实。在与韦丛结婚之前，他还有一段刻骨铭心的爱恋，他的代表作《莺莺传》，也就是《西厢记》的前身，就是以他自己为原型，讲述了他和崔莺莺的爱情故事。最终他们没有在一起，原因就是在京城当官的韦丛的老爹看中了元稹。元稹本可以拒绝这门婚事，但他却认为有这么一个老丈人，自己在仕途上至少可以少奋斗20年，所以，辞崔莺莺而去，与韦丛结婚。虽然说他们最后的结合，彼此也算情真意切。但是韦丛刚去世，元稹就与薛涛眉来眼去，还是证明二人的感情没那么深厚。

元稹辞别薛涛之后，事业上也遭遇了滑铁卢，他从京城被贬到了洛阳，之后又被贬到了江陵，这期间，他还纳了一次妾，可惜，他的妾也因病不久就去世了。他老哥一个，孤苦伶仃独守江陵。

这个时候，多情的薛涛还心心念念想着元稹这个情郎。她一直以为，元稹遭遇事业和家庭的两不顺，此刻，她应该给予元稹温暖，以及心灵的安慰和陪伴。于是她从成都来到了江陵，两人终于再次相见，距离上次相见已时隔5年。不过，当薛涛满怀欢喜和希望来到元稹身边的时候，她却发现，过去的时光已经过去，他们回不到从前了。从江陵回来的时候，她五味杂陈，却仍然希望能收到元稹的消息。

结果她收到的消息是：元稹又要结婚了，但新娘不是她。元稹为了仕途，选择了出身世家大族的裴淑为妻。薛涛终于明白了，她的身世、经历，是他不能接受的，元稹对于她的感情，更多的只是欣赏，也许自己连他的女朋友都算不上。

在垂暮之年，薛涛筑起了一座吟诗楼，独自在那里度过了最后的时光。

古人也盼『国庆节』，因为跟现在一样，放假！放假！放假！

“国庆”一词，最早见于西晋时期的《五等诸侯论》：“国庆独飨其利，主忧莫与其害。”这句话是什么意思呢？就是诸侯臣子在皇帝刚继位的时候都想讨好占便宜，而一旦皇帝陷于忧患，这些人就不会和皇帝共同承担苦难。所以，古代的“国庆”一般指的是皇帝登基、皇帝生日需要普天同庆，与庆祝国家建立不是一个概念！

即便如此，古代国庆的规模也很盛大，唐玄宗把自己生日定为国庆日，除了大赦天下，群臣还放小长假，皇宫要开盛大的派对，黎民百姓也要上街庆祝。

加班别委屈，委屈别加班

宋朝翰林王著比较上进，希望仕途能更上一层楼，所以工作很拼命，整天加班加点，希望有朝一日太祖可以提拔重用他。

可是他拼命表现，却始终没有被提拔。一天他又忙完工作，一看已经半夜了，回家太晚，还是在办公室将就睡一晚吧！可他突然来了兴致要喝酒，还喝得酩酊大醉，觉得自己委屈、命不好！这么努力有才华，却不被重用！结果，发酒疯高喊："我要见太祖！我要见太祖！"

太祖以为有啥大事，赶紧就见他了，没想到竟然是酒鬼闹事，这事的结果可想而知，他被贬职还被逐出了翰林院！

这正是：加班别委屈，委屈别加班。

古代也有加班『汪』

最早关于加班的记录，出自《汉书》："冬，民既入；妇人同巷，相从夜绩，女工一月得四十五日"。

什么意思？就是说在那个男耕女织的时代，不仅男人生活压力大，女人的压力也不小，入了冬、昼变短，纺纱织布的女工为了冲业绩、赶进度，就得加班加点，一个月的工作量相当于四十五天的！也就是说，她们的工作时长比平常要多一半！

唉，古代也有加班"汪"，生活不易啊！

第四章

古代人才欢乐多

生活都这么难了，

还要跟自己过不去吗？

笑喷！古人原来这样“捧臭脚”！

有没有发现，在现实生活中真的有一些人，他们凭借“圆滑世故，见风使舵”的人生信条，练就了强大的心理和超厚的脸皮，当然，还练就了一种赖以生存的技能——“捧臭脚”！

北宋有一位名将叫彭孙。彭孙是福建人，年幼的时候很聪明而且好学，他熟读兵书，从小的志向就是要为国家抛头颅洒热血，建功立业。可是这彭孙无论怎么努力就是考不中，总是扮演“打酱油”的角色。终于有一天，他受够了，于是剑走偏锋，当了一个大盗土匪，不过朝廷镇压得厉害，当土匪的日子也不好过。可是有一年，朝廷把他们这股土匪全给招安了，彭孙换了一身军装就光荣地加入了北宋军队。彭孙很高兴，他寒窗苦读了那么多年都没有成为“公家人”，现在因为当了土匪竟阴差阳错成了“公家人”。彭孙勉励自己：“彭孙，你是最棒的！加油！加油！加油！”

话说彭孙自从当了“公家人”，在军队中确实表现得很勇猛，而且还跟着狄青等名将一起冲锋陷阵，表现得可圈可点。当年读的军事书籍后来也派上了用场，在与西夏的对战中他也展示了一定的军事才能。所以，后来就越来越受到重用，官职也不断爬升，但是距离他的“鸿鹄之志”还差很大一截！所以，他一心还想继续往上爬！

彭孙为人很圆滑、世故，功利心和目的性很强。所以，只要有机会升迁，他都要争取。这回机会来了，当时，彭孙驻守边境，当朝皇帝宋神宗委派自己身边的亲信宦官李宪前去巡察。彭孙知道李宪可是皇帝身边的大红人，把他招待伺候好了，以后他还可以在皇帝跟前为自己美言几句。

等李太尉一到，彭孙竟亲自端来了一盆洗脚水，要给李太尉洗脚。

彭孙开始了自己的表演，他边给李太尉洗脚，还边以享受的表情一个劲儿地闻，最后还说出了拍马屁的千古名句：“太尉足何香也！”意思就是太尉您的脚为什么这么香啊！李太尉什么场面没见过，可是听完彭孙的奉承话，浑身起了鸡皮疙瘩，就用脚踩着彭孙的脑袋说：“你个狗奴才，也太假了吧！没有你这么巴结人的！”彭孙自讨了个没趣！自此，彭孙“捧臭脚”就成了世人的笑谈。

彭孙气凌公卿，然尝为李宪濯足，曰：『太尉足何香也。』宪以足踏其头曰：『奴谄不太甚乎？』

天下之大，无奇不有！除了彭孙捧臭脚，历史上还有一个捧臭屁的故事。明朝有一本古代笑话段子集叫《笑赞》，里面有一个故事叫《屁颂》。故事是这样的：有一个秀才命数已尽，到阎王处报到了。阎王那天消化不好，放了一个又响又臭的屁。秀才听见了之后就发挥自己的特长巴结阎王，写了一篇叫《屁颂》的文章，大概的内容就是：您高高地耸起金臀，一阵宝气拂面而来，隐约还听见了丝竹般的音乐声，接着就闻到了麝香一般沁人心脾的味道，我站在下风的位置，感受到了如沐春风的美好……

阎王偶放一屁，秀才即献屁颂一篇曰：高竦金臀，弘宣宝气，依稀乎丝竹之音，仿佛乎麝兰之味。臣立下风，不胜馨香之至。

佩服，真是人才！能把放屁形容得如此诗情画意，绝对是人才！

当然阎王也很高兴，大笔一挥，就给秀才新增加了十年的阳寿，秀才又在人间潇潇洒洒、快快活活地风流了十年。之后十年期限满了，秀才又到阎王处报到，这回秀才很扬眉吐气，远远看见阎王的大殿，就大摇大摆地走了上去。阎王看见这个人一点也不害怕，也不拘谨，就赶紧问身边的小鬼这人什么来路，小鬼回道：“这个就是当年作放屁文章的秀才。”阎王一听意犹未尽地哈哈大笑。

有趣的是，《笑赞》的作者对这个故事还有一句很经典的点评：“此秀才闻屁献谄，苟延性命，亦无耻之甚矣！”就是说他是闻屁献媚，苟延残喘的无耻之徒。

这么看来，这两位“捧臭脚”“捧臭屁”的，都是拍马屁技术不过关的！要么太露骨，要么太谄媚。结果，就只剩下被人耻笑，被人怼，成为他人口中的笑话！

秀恩爱是门技术活！

盘点古代宅妻狂魔、晒妻狂魔的绝招！

都说，秀恩爱，死得快！古人要是听见这话，肯定要笑掉大牙！因为人家会告诉你，秀恩爱是门技术活！老实讲，古人撒狗粮真的很有绝招。

第一招，肉麻情话。魏晋时期的竹林七贤里的王戎跟自己的妻子关系可黏糊了！两人的感情特别好，如胶似漆。可是，有一件小事让王戎很长一段时间都有点难为情。那就是他的爱妻张口闭口，不叫自己老爷，也不叫自己相公，而是喊自己为“卿”。

“卿”的字面意思在古代除表示九卿等尊称外，还有类似现如今“亲爱的”这个意思。王戎接受不了老婆在公众场合喊自己亲爱的，就给媳妇上了一课。他命令说以后不允许喊他“卿”，这不符合礼仪。可是，他媳妇却不吃这套，撒娇地说："你就是我的亲爱的，不叫你亲爱的，叫谁亲爱的啊？"当然，王戎也是宠妻狂魔，拗不过媳妇，得！你爱叫就叫吧，谁让你是我的妻子呢！

第二招，举案齐眉。东汉时期有个太学生叫梁鸿，他身世一般，但是才华横溢。有一大群女孩子争着喊着要追求梁鸿，其中不乏家大业大的权贵千金小姐们，但是梁鸿根本不拿正眼瞧她们，因为梁鸿已经被一个"丑小鸭"俘获了他的心。只因为这个"丑小鸭"曾说："嫁人就嫁贤能之人，就像梁鸿这样的人。"梁鸿听到这话后很欣喜，就认定这女生有品位、不一般，所谓好看的皮囊千篇一律，有趣的灵魂万里挑一。于是很快就与她拜堂成亲了。结婚后，他们相敬如宾，一起耕织、读书、弹琴，生活恬静而美好。

可是，天有不测风云，梁鸿的一篇文章让当权者大怒。没辙，梁鸿就跟媳妇改名换姓逃到了苏州，后来为了糊口，梁鸿在地主家当帮工，日子很清贫，但是夫妻两个人把小日子仍然过得很精致。虽然吃的是粗茶淡饭，但是梁鸿的媳妇仍然想着法子、变着花样精心烹制。等梁鸿忙碌完回到家，他媳妇早早就将烹制好的食物放在托盘上，然后举到眉毛的高度，低着头，端端正正地捧给梁鸿。这恭敬有加又相亲相爱的行为，偶然被地主撞见了，最终他识破了梁鸿的身份，尊他为上宾。后来，“举案齐眉”就成了一段跟你在一起吃苦也是幸福的佳话，一直流传到今天。

第三招，为你写诗。代表人物就是杜甫先生。杜甫的一生，是一直在找工作的一生，是穷困但对爱至死不渝的一生。他一生只有一个媳妇杨氏。后来在朋友的资助之下，跟媳妇一起定居在成都。在这里，他跟媳妇才隐隐约约感受到世间的美好和温存。有一天，他跟媳妇杨氏一起划船游玩，普通青年记录这件事可能就发个朋友圈，拍个泛舟游玩的画面，最多配上一段文字：“与心爱的人，一起划船游玩，开心。”大诗人杜甫，记录这事，直接写了一首诗，诗里有这么几句：

『昼引老妻乘小艇，晴看稚子浴清江。俱飞蛱蝶元相逐，并蒂芙蓉本自双。』

大概就是说，在这个风和日丽的早晨，我深情地牵着媳妇的手，一起泛舟游玩。清澈的溪水在阳光下荡漾着波光，不远处孩子们在水里无忧无虑地嬉戏玩闹。溪水岸边的蝴蝶缠缠绵绵翩翩起舞，你追我逐；溪水上的荷花如同双双休憩的鸳鸯一般花开并蒂。

各位仔细品味，这诗除了描述泛舟以外，其实就是杜甫把自己和媳妇比喻成双飞的蝴蝶和并蒂的芙蓉，夸自己媳妇漂亮如芙蓉。这样的诗句描述这样的画面，是不是一下子就有了意境，还顺便秀了恩爱。所以难怪很多人把杜甫称为“晒妻狂魔”，原因就是在他流传下来的众多诗歌中，经常能看见他媳妇的倩影。

第四招，眉宇传情。西汉有一名高官叫做张敞，官位做到了京兆尹，就是首都的最高行政长官。张敞是个性情中人，最重要的是还没有大男子主义，他跟媳妇的关系也特别好，还经常调侃媳妇的眉毛画得不好看，然后就自己直接上手，亲自给媳妇画眉，画完之后还很得意，让人评价水平怎么样。结果，这个事就让全京城的人都知道了！

在古代，这可是一条爆炸性的消息，京城的最高行政长官，咋能给一个女人画眉毛呢！这成何体统！很快，就有人弹劾问罪，最后都惊动了皇帝，皇帝就问张敞，这到底是咋回事啊？张敞可真是敞亮，他很直白地说：“夫妻之间在闺房之内所做的事还有比画眉更亲密的呢！难道这也是罪吗？”简直一语就噎死了假卫道士们！所以后来很多女性把男人给她们吹头发、熨衣服、做爱心早点等等视为爱的表达。

第五招，也是大绝招，就是以实际行动来证明爱。前一段时间有一个特火的帖子，讲的是女孩子找老公一定要找用实际行动对你好的，而不是找嘴甜哄骗你的。比如说，女孩子别找那些上午一个电话、下午一个电话、晚上一个电话，让你多喝水的男朋友，而要找一个知道你生病了，就会带你去医院的男朋友。

《世说新语》里记载了这么一个故事，曹操有一个非常重要的谋士名叫荀彧，荀彧有一个儿子名叫荀粲，他非常痴情，也非常疼媳妇。有一年冬天，他媳妇突然生了重病，浑身发烫，荀粲连忙安排人去请医生，可是医生迟迟不到。荀粲万分着急，就想办法赶紧给媳妇降体温。于是，他就跑到院子里让身体变冷，然后再回到屋里，用自己冰凉的身体为媳妇降温，这让旁人特别感动。但是很遗憾，他媳妇最终还是医治无效去世了。但是荀粲以实际行动证明了自己的爱。

秀恩爱重在“恩爱”。“秀”是动词，单纯地展示是肤浅的，实际行动才是深沉的。只要彼此以实际行动为爱付出，为爱行动，就一定会收获幸福，收获甜蜜。这其实就是古人秀恩爱最大的绝招秘籍。

##

历史证明，
大吃货『转正』
能成为大食神！

我们常说："这个世上唯有爱情和美食不可辜负。"更有人说："如果允许的话，带上最爱的人品尽天下美食，一生又有什么遗憾呢？"

美食的确功能强大。除填饱肚子的基本功能外，其附加功能更是宇宙无敌。比如，热恋要下馆子，失恋也要下馆子，聚会要下馆子，散伙也要下馆子……总之，无论遇到什么事，下馆子就对了。美食成了人与人交往最重要的媒介之一，要不说这个世上没有一顿美食解决不了的问题，即使有的话，两顿也就解决了！所以，就不难理解身边的朋友咋都是憨憨的"大吃货"了。

古代也这样，美食除了对市井百姓有诱惑力外，王侯将相也一直挖空心思寻找“舌尖上的中国”。

如果有人问，这个世界上什么东西最好吃？答案一定是五花八门！传说隋文帝杨坚也曾经在朝堂之上问臣子们这个问题，臣子们有的说肉最好吃，也有的说生鲜最好吃。但是，有一个名叫詹王的臣子，他的答案很与众不同，他说这世上最好吃的是“盐”。

隋文帝听后非常生气。“盐有什么好吃的？这是嘲弄我没文化吗？来人，把詹王拉出去斩了！”结果，这事就传到了后宫，御厨们都知道隋文帝不喜欢吃盐。因此，做饭做菜的时候就都不敢放盐了。大家都知道没盐的饭菜实在不好下咽，隋文帝这才知道詹王的说法是正确的，但自己已错杀了人，为了弥补过错，就封詹王为“厨神”！

当然，这是传说。这传说还有另外一个版本，还是同样的问题，詹王这回的回答是“饿”。于是，詹王带着隋文帝满大兴城寻找“饿”，他们一圈又一圈地寻找，跟跑马拉松一样，遛得隋文帝实在饥渴难耐的时候，詹王拿出了好吃的、好喝的。隋文帝这才意识到“饿”才是人间美味，并且通过这件事悟出了治国的方针，就是要体恤民情才能治国安邦。隋文帝为奖赏詹王的功劳，特封他为“厨神”。

但是，詹王这个“厨神”，在历史上没有留下什么名菜！倒是历史上有几个大吃货，留下了一些传世名菜！

比如苏轼先生。官方称他为北宋著名的政治家和文学家。但在民间，他还有另外一个身份——北宋“食神”。

根据不完全统计，以苏东坡先生命名的食物多达百余种，比如东坡肉、东坡鱼、东坡肘子、东坡饼等等。这其中，有些美食，真是出自苏东坡先生之手，比如东坡肉。苏东坡发明东坡肉的时候，日子过得很寒酸，刚被贬到黄州时整天都吃素。后来实在是忍不住嘴馋，就狠狠心去集市上买肉。到了菜市场，他才知道羊肉很贵，根本买不起！猪肉倒是大众的消费，赶紧便买了几斤回来。

回来之后，他先将五花肉切成大块，再用葱姜垫锅底，加上各种作料，然后加水在文火上慢焖，熟了之后，这道菜就大功告成。苏轼显然也很得意自己的厨艺，还写了一篇心得，名叫《猪肉颂》，专门介绍他的烹饪工艺，后来，这篇心得就成了制作东坡肉的标准教程。

净洗铛，少著水，
柴头罨烟焰不起。
待他自熟莫催他，
火候足时他自美。

除了名士吃货，还有皇帝吃货，也为我们留下了人间美味。

在这儿我们要好好感谢一下忽必烈先生，是他为我们发明了三天不吃心发慌的“涮羊肉”。涮羊肉的发明实际是一次歪打正着。

一次，忽必烈率军打仗，长时间在外征战就特想念家乡的味道，就让人给自己做清炖羊肉吃。底下的人得到命令，赶紧杀羊炖肉。可是就在后厨已经烧开水要炖肉的时候，外面有士兵来报说发现了敌情，需要忽必烈赶紧出门杀敌。

可是此时，忽必烈还饿着肚子等着吃羊肉。饥肠辘辘的咋领军打仗呢？但是出兵的时机也不能耽误！于是，后厨小哥灵机一动，就把原来的一块一块的羊肉切成了细薄片，放在沸腾的水里煮，等肉变了颜色马上捞出来，撒上盐就给忽必烈端了过去。

因为情况紧急，忽必烈啥也没问，闷头就吃，吃完把嘴一抹，就出门打仗了。很快，捷报就传了回来！忽必烈很开心，要举办庆功宴犒劳全体将士的勇猛，还特别叮嘱一定要上那道他出战前吃过的羊肉，那味道真是回味无穷！

后厨小哥这回没有压力，可以慢慢烹制，就精选绵羊嫩肉切成薄片再新添各种作料，熟了之后端给各位将领。这些将领吃完，连竖大拇指，真是太好吃了！忙问后厨小哥：“这是啥菜？以前为啥没有吃过？”小哥回答说：“这个菜是临时想出来的，只在锅里涮了几下，还没有名字。”忽必烈听后赶紧把嘴一抹，就给这道菜起名“涮羊肉”。自此，涮羊肉在不断演化中，成了我们舌尖上的最爱！

在宋朝，还有一位“民间女食神”，名叫宋五嫂。

宋五嫂原来生活在北宋汴京开封，靖康之变以后赵构建立了南宋政权，宋五嫂随着难民就去了杭州，并在西湖附近安了家。为了糊口，她重操旧业，开了一间小酒楼。因为当地人都喜欢吃鱼，宋五嫂敏锐地发现了这一商机，于是精心研究烹饪鱼的新方法，新工艺，最终成功烹制出了一道色、香、味独特的名菜——醋熘鱼。新品一推出，大受食客欢迎，很多当地名士都慕名而来。

据说有一天，赵构突然来到了西湖边，主持召开了西湖商贸服务业企业家座谈会，宋五嫂也应邀参加。会上，赵构热心地询问大家生产经营情况。当得知宋五嫂是从开封追随到杭州开始创业的，赵构太为感动。就决定去宋五嫂的酒楼看一看，站一站台。宋五嫂也很高兴，挽起袖子就上灶台，亲自烹饪了她研发的美食醋熘鱼。

赵构吃了一口，就连忙称赞：“真佳肴也！”还说比自己在宫里吃的那些都好吃！经过赵构这个名人的宣传推广，宋五嫂的店就更火了。而这道醋熘鱼更神奇，一直火到现在！

所以，历史充分证明，一定要另眼相看我们身边的“吃货”们！因为，吃也是一种生产力！

过瘾，我就喜欢静静地看古人吹牛！

读历史的过程中，除了宏观的历史叙述，我们肯定还会对那些插科打诨的细节或者形象可爱的人物记忆深刻，遇见奇葩的还会会心一笑，自言自语评价一句："人才啊！"

古代人才众多，但吹牛类的"人才"却显得如此与众不同，格外"亮眼"。他们真的可以做到一本正经地胡说八道。

举一个简单的例子，凡大人物出生必有异象：朱元璋出生时红光满室，别人还以为他家失火了！李世民出生时天上呈现出二龙戏珠的异象，徘徊三日方散。赵匡胤出生时体有金色，三日不绝！这些大人物出生时的情节，编纂官要是没有浓墨重彩地吹几句牛，这些大人物都不好意思做这个皇帝！

既然皇室都这样了，那平民吹牛就更放飞自我！吹牛谁还不会了！反正吹牛又不上税！

明朝嘉靖年间有一个哥儿们叫朱载堉，是玩音乐的。他自己创作了一首《山坡羊·大实话》，堪称吹牛的经典范本。内容大体是这样的：我是个老实人，最爱说老实话。我家跟别人家不一样！我们家养的那只鸡，赛过马的价格。我们家的老鼠，跟别人家的狗一样大。我们家的猫，你们知道吗？跟老虎一样大！我有钱任性！头戴的这个珍珠，跟大西瓜一样！头上这个发簪，跟象牙一样长！另外，我昨天在岳阳楼上喝酒，昭君娘娘还给我弹了一曲琵琶。对了，我忘了说，我家还养了十二只麒麟，竟然还生下来二十四匹战马！怎么生的，我不知道，你也别惊讶！但这千真万确，都是大实话！

各位，服气吗？这可真是天上飞的，地上跑的，身上戴的，他家全有啊！人生赢家啊！这个牛吹得得给满分！不过不知你有没有发现，一般标榜自己是“老实人”的不一定真老实！标榜自己最爱说实话的也许此刻就在说鬼话。

如果刚才朱载堉的大实话属于单口相声的话，清朝时期有两兄弟，他们将给大家表演一个吹牛的对口相声。这两兄弟都在吹嘘自己吃了一个超级大的包子！包子有多大呢？其中一哥儿们说了：“我吃的包子是用一百斤面粉、八十斤肉、二十斤菜包的。蒸好了之后，得用八张大方桌才能放下，我们二十几个人，吃了一天一夜都没有吃到一半，最奇怪的是，正吃着突然两个人不见了，到处都找不到，最后你猜在哪儿找到的？我们是在肉包子里找到的！这两位嫌吃了一天一夜还没有吃到肉馅，就自己钻到里面去找肉了！你说这个包子大不大？”

旁边这哥儿们撇撇嘴说：“你这个包子不算大，我以前吃的那个才叫大呢！我们二十几个人吃了三天三夜也还没见到馅儿，就拼命朝里啃，突然牙被硌了一下，发现咬到一块石碑，这石碑上写着几个大字：‘距肉馅还有三十里’。”

亲娘啊！这牛皮吹得，佩服佩服！我就在想：蒸这大包子得用多大的锅啊？

以上这些吹牛的，我们就当段子。但是就怕那些“认真”的人，不管你信不信，反正他信了。如果你把吹牛的话当真了，结果就只剩下悲剧！

宋钦宗就吃过这方面的亏。当时，北宋最大的敌人金国用十万军队把北宋的京城汴京包围了！宋钦宗很着急，很上火，就让兵部尚书孙傅赶紧想办法，孙傅也是病急乱投医，听说城里有一个叫郭京的“神”人，可以通天地，派遣“神兵”击退金军，于是就命人赶紧找来郭京。

郭京本来就是一个兵油子，会魔术和杂耍。这回，也不知道是谁给他的自信，他就跟孙傅说：“你是找对人了，移山倒海、撒豆成兵、隐形潜身，这些都是小儿科，你就看我如何施展法术击退金兵！”因为郭京太能吹了，孙傅信以为真，赶紧就把郭京推荐给了宋钦宗。郭京为了博得大老板的信任，还特地表演了几个小把戏，宋钦宗更是对他深信不疑，立刻封官赏赐，让他率军抗敌。

可是郭京也许是入戏太深了，自己吹的牛首先一定要让自己相信。他不用原来的守城将领，而是从城中只挑选生辰八字合六甲的人，组建了七千七百七十七人的六甲军队，号称“六甲神兵”。其实，招募的这些守城将士基本上没有战术素养，大多是市井百姓和地痞流氓，战斗值几乎为零。但是，郭京仍然很自信得意，他对孙傅说：“择日出兵三百，可致太平，直袭击至阴山乃止。”就是说，郭京出三百神兵，就可敌金兵十万，还要把金兵赶到阴山脚下。结果，就可怜了宋钦宗和孙傅这些臣子，坐等郭京出神兵。可是左等右等，黄花菜都凉了，郭京就是不出兵。孙傅没办法，就一个劲地催。

终于有一天，郭京让打开汴京城的宣化门，还让城墙上原来的守兵全退下，原因竟然是害怕这些士兵偷看他作法，影响施法效果。郭京自己精心挑选的这七千七百七十七名“六甲神兵”，虽然身上画满了各种神符，嘴里还念念有词地出门阻击金兵，但是这些所谓的“神兵”一点也不神！一遇到金兵就死的死，逃的逃，尸横遍野。

这让原本坐在城墙上作法的郭京也急了，但是，他在心里告诉自己“不要急不要慌，戏还得继续演下去啊！”，他说自己现在必须亲自去城下作法才能抗敌。孙傅这边虽然此刻将信将疑，但内心还在渴望奇迹出现，就让郭京下城了。但哪知道，郭京这个牛皮大王下了城墙就撒腿逃跑。可怜的宋钦宗被人涮了！金兵轻轻松松就破了城。后面的事，大伙都熟悉，就是我们所知道的“靖康之难”。

如此看来，对于大骗子而言，吹牛只是人生的一部分，毕竟人生如戏，全靠演技。

盘点古人那些戏谑的绰号，没点文化真起不出来！

这年头，谁还没有几个绰号啊！但有一点，大家常叫的绰号一般是比较符合对方的“人设”或者“标签”的。比如，大鲨鱼奥尼尔、飞人乔丹等等。

在古代，人们也喜欢起绰号，而且更有讲究，不仅要符合人物的特质，更要风趣幽默、雅俗共赏。盘点古人的那些戏谑绰号就会发现，没点文化的人，可真起不出来这些绰号！

第一个名叫裴颜祺，是唐代的翰林学士，他有一个坏习惯，就是不拘小节，干工作不积极，是个迟到大王。结果，同事就送了他一个绰号“八砖学士”。为什么叫“八砖学士”？原来，翰林院上下班有规定，上班的时间大概早上八点钟的样子，这时太阳光正好照射到他们办公室门口的第五块砖，这个时间以前你上班就不算迟到。但裴颜祺每次等太阳光都照射到第八块砖，也就是九点多钟才姗姗来迟。久而久之，同事调侃他，就给起了这个“八砖学士”的绰号。据说，他也挺乐于接受。

第二个名叫顾可学，是明朝尚书，有趣的是他这个尚书是靠跟尿打交道才得来的，于是同事调侃他叫“炼尿尚书”。这么奇葩的绰号是怎么得来的呢？明朝嘉靖皇帝，就是那位不爱上朝的朱厚熜，特别信奉道教，整天研究养生，思考如何才能长生不老。有一天，嘉靖皇帝在重臣严嵩的推荐下结识了一位高人，可把他高兴坏了。这位高人就是顾可学，他跟嘉靖皇帝吹嘘，自己有一个偏方，能把童男童女的尿炼成仙丹，人吃了之后就能延年益寿、长生不老。不知道是不是心理作用，反正嘉靖皇帝吃了这用尿炼的仙丹之后，神清气爽、精神焕发，就一个劲地给顾可学点赞，这让顾可学的仕途像坐了火箭一样一下就升到了工部尚书的位置，后来又升到了吏部尚书。

那时候，朝臣中有人私下开玩笑，当然也有些愤愤不平的人说：“千场万场尿，换得一尚书，还不如叫他炼尿尚书”。大家哈哈一笑，觉得此话有理，自此，这个“炼尿尚书”的绰号就传播出去了。确实，这绰号够准，也够狠。

第三个名叫王珪，是宋朝宰相，但常年都是“打酱油”的角色，世人就给他起了一个绰号叫“三旨相公”。怎么得来的呢？就是王珪这个宰相在任期间只干三件事，取圣旨、领圣旨、办圣旨。简单的理解，他就是一个传话筒，大老板说怎么弄，他就安排怎么弄，唯大老板马首是瞻，根本不考虑圣旨决策正确与否。但也正因为此，他挺受欢迎，先后跟仁宗、英宗、神宗、哲宗四代皇帝混过，这些皇帝也对他挺满意，原因很简单，听话！不像同时代的王安石一样有个性，有想法，还爱折腾。

但是，有个很简单的道理，王安石为什么名气大呢？王珪为什么名气小呢？就是因为宰相是要辅政的，是要为国家社稷苍生操心的，不是简简单单做一个皇帝的大管家。所以，王珪这种明哲保身的做法就遭到很多同僚的讥笑，于是就有了“三旨相公”的绰号。

另外，我要说一句，王珪的孙女是南宋第一奸臣秦桧的妻子王氏，她跟秦桧现在还一起跪在岳飞的坟前，遗臭万年。而他的外孙女却是宋朝著名的女词人李清照，千古留名的一代才女，是多少男人心中的女神。

前面几个人的绰号因为本身不太正经，所以挺戏谑。南宋重臣尤袤，他的绰号就很正能量，名叫“秤砣”。

有一天，宋孝宗跟尤袤唠嗑，宋孝宗突然问尤袤：“大家都叫你秤砣，有这事儿吧？”尤袤很认真地回答说：“秤砣虽然小，但得靠它分明斤两啊！”从对话中，我们就可以感受到，尤袤是一位刚正不阿、积极有为、敢于担当的国之重臣。所以，人们就把代表公平公正的秤砣，作为他的绰号。

尤袤小的时候特别聪慧，被称为小神童，参加殿试本来高中状元，据说因为秦桧动了手脚，才失去了状元的头衔。但对于尤袤而言，状元不状元的不重要，关键是把工作干好。他的第一份工作，是在南宋边境上靠近金国的泰兴地区当父母官，上任后他就带领全城老百姓重新修筑城墙。后来，金兵侵扰，周边的城池都沦陷了，只有泰兴人民在尤袤的带领下顽强抵抗，多次击退进攻，被朝廷嘉奖。

后来，尤袤被调到浙江台州做知州，又带领当地群众除水患，积极发展生产，努力改善人民生活，深得群众的爱戴。可是，人红是非多，有些眼红的小人就向朝廷进谗言，诬告尤袤。宋孝宗派人进行秘密调查，反馈的结果是：尤袤是我朝优秀的、杰出的、有作为的大臣，可堪大用！所以，在宋孝宗执政期间，尤袤一直被委以重任。

后来，宋光宗继位，但是他的执政水平着实令人着急，因为宋光宗在用人上重用亲信，在政策上朝令夕改，这让尤袤实在看不过去，就站了出来劝谏宋光宗要学先贤，要广纳人才，要勤政，要以社稷为己任。

可是，批评教育的次数多了，宋光宗就烦了！发展到后来，只要尤袤劝谏，宋光宗就暴跳如雷，甚至有一次当着尤袤的面直接撕了他的奏折。这让“秤砣”彻底寒了心，决定要告老还乡！宋光宗很有意思，可能也自知没理，所以就一直没有同意尤袤的辞职，到后来，尤袤递交一次辞职报告，宋光宗就给尤袤升一次官，最终尤袤官至礼部尚书。因为，朝廷还是需要他这个大公无私的小“秤砣”。

在古代，家里有只『母老虎』，是什么体验？

古代号称是男权社会，可是即便如此，家里有只“母老虎”喜欢河东狮吼，是个什么样的体验呢？

北宋有个“官二代”，名叫陈季常，他有才，也风流洒脱，但是有点愤世嫉俗、狂放傲世，结果怀才不遇，就直接跑到龙丘过着隐居的生活。说到隐居生活，你以为陈季常农忙时下地干活，农闲时撸撸猫浇浇花。不是这样的！人家是“官二代”不差钱，仆人、丫鬟一大堆，还有一个歌伎团，都是能歌善舞的绝世大美女，这日子简直就是世外桃源。

对于这样的生活，陈季常唯一不满意的只有一点，就是他媳妇柳氏是一只凶猛的“母老虎”。媳妇柳氏对陈季常是严防死守，就怕他拈花惹草，尤其怕他跟歌伎团传出什么花边新闻。

陈季常内心其实很苦闷，他喜欢在写诗作赋的时候喝点小酒，旁边有佳人伴着音乐翩翩起舞，这更是他创作灵感的源泉！可就这点爱好，还被媳妇给掐灭了！他媳妇说了："你这家伙，创作就安安静静地创作，搞这么多美女跳舞，容易分心，以后禁止。"听完媳妇的话，陈季常竟然无言以对，毕竟人家说得有道理啊。此后，被逼无奈的陈季常，只能执行媳妇的"禁娱令"。

大才子苏轼被贬到黄州的时候，仰慕陈季常的才华特意去拜访，两个人一见如故，相谈甚欢。人高兴的时候，不喝两杯，未免太扫兴。人喝了酒，又很兴奋，没有歌舞助兴，未免有点不尽兴。这回，陈季常硬气了一把，酒喝起来，歌唱起来，舞跳起来，可是，没兴奋一会儿，媳妇柳氏就来了，她怒目而视，很有威慑力，吓得舞女四散而逃！陈季常敢怒不敢言，苏轼只能以笑化解尴尬。此后，他俩再约酒，就不敢让歌伎团的舞女跳舞了。

可是后来一次，陈季常和苏轼两个人谈佛学谈得很深入，一看天色已晚，月入星空，陈季常就对苏轼说："晚上别回去了，我安排几个菜，咱来个彻夜长谈！"苏轼也觉得没有谈尽兴，就答应了。可是，这菜下了肚，酒也下了肚，两个人却越聊越没劲，都觉得缺点啥！缺啥呢？两个人心照不宣，陈季常就问苏轼："我知道两个女子，歌唱得好，舞跳得更棒，要不让她俩过来，给咱助助兴？”苏轼却假惺惺地说：“不好吧，嫂夫人不同意！”陈季常却说：“没事，这么晚了，我媳妇早睡了。”于是，就安排人叫来了两个佳丽。陈季常还千叮咛万嘱咐，让她们唱歌跳舞时动静都小点。苏轼就偷笑打趣地说：“还是怕媳妇发现呀！”

不过，音乐和舞蹈让他们又来了兴致，频频举杯感叹世间的美好啊！只是好景不长，很快他们就被举报了。媳妇柳氏怒火中烧，怒吼道：“三更半夜的唱什么唱，还有没有公德心，赶紧睡觉！”同时使劲地拍打窗户，吓得陈季常和苏轼赶紧灰溜溜地结束了派对。

有趣的是，第二天，苏轼回想整个过程，觉得特逗，特有趣，就写了一首打油诗，送给了陈季常，其中有四句内容是：

龙丘居士亦可怜，
谈空说有夜不眠。
忽闻河东狮子吼，
拄杖落手心茫然。

翻译过来就是：陈季常挺可怜，晚上不睡觉谈佛学，一会儿说看破红尘，一会儿看姑娘跳舞，又感叹世间美好！只是突然听到媳妇像狮子般的怒吼，吓得他手杖掉地，心里空落落的。结果，这首打油诗大火，河东狮吼也就从这里传开了。

妻管严陈季常家有悍妇，他的切实感受就是：我好无奈，我真的好无奈！

《同光风云录》记载了一则怕媳妇的故事。故事的主人公叫张曜，他是晚清名臣、将领。性格很刚猛，作战很勇猛，曾参与镇压捻军和太平天国。但是，他却怕媳妇。怕到什么地步呢？一次他召集属下开会，突然发出“灵魂拷问”：“汝等畏妻否？”属下们哈哈大笑说：“媳妇有什么好怕的？”张曜严肃且正经地质问：“汝胆好大，妻乃敢不畏耶？”

张曜为什么如此怕妻子呢？原来，张曜的媳妇气质高雅，腹有诗书，史书形容她美丽而娴静，又擅词翰。而张曜虽然也号称读过书，但最多就是小学毕业文化程度。以至于后来他以战功被提拔为河南布政使，御史刘毓楠就上书弹劾其“目不识丁”。之后，朝廷就调张曜任总兵之职。

性子倔强的张曜觉得受到了奇耻大辱，但是，他没有选择找御史刘毓楠“开战”，而是决定拜媳妇为师，苦练“内功”。媳妇作为张曜的家庭教师，很专业，也非常严格，不惯着张曜，没有完成布置的“作业”或者“作业”完成的质量不高，轻则责骂，重则直接用教鞭体罚。这让张曜虽然内心叫苦，但学问却与日俱增。

后来，左宗棠想调张曜领兵赴西北镇压起义，但张曜嫌弃新职位是武官，就不从命。媳妇知道后，像老师对学生一样让张曜来。等张曜一到，媳妇就质问："汝抗命，将谓朝廷不能杀汝耶？"张曜一听明白了事态的严重性，就灰溜溜地跑去找左宗棠报到。左宗棠知道这个插曲后，又特别上奏朝廷，给张曜任了一个文职。

所以，张曜虽然怕媳妇，但他似乎还很享受媳妇的照顾，家庭也挺和谐。因为他曾向朋友带有炫耀意味地说："以夫人为师，白日执弟子礼，此中乐趣，有不可思议者也！"

假孝子得奖记

沽名钓誉的人很多，但唐朝东海郡有一个兄弟叫郭纯的，玩出了新花样。

唐朝政府对于大孝子，要竖个碑、发个奖什么的。郭纯的老母亲去世了，他悲痛欲绝，神奇的是，每当他痛哭哀号的时候，就有一大群乌鸦聚集跟前。乡亲们就议论说，这是郭纯的孝心感动了神灵——乌鸦反哺啊！当地政府听闻之后，前来查看，果真如此，就给郭纯立了牌坊。

可是后来东窗事发，原来郭纯哀号的时候，手里还有小动作，就是一个劲地撒食物，以此引来乌鸦。次数多了，乌鸦就养成了习性，只要听到郭纯的哀号，就飞来争食吃。

真是为了骗个奖状，挺会包装自己的。

惧内的理由

唐朝有一位猛将——管国公任瑰。他特别怕媳妇，但是他给别人解释自己惧内的理由有三条：第一条，刚结婚的时候，媳妇端庄得像一尊菩萨，哪有人不惧菩萨？第二条，后来媳妇生儿育女了，就像一条生孩子的大长虫，哪有人不惧大长虫？第三条，再后来媳妇老了，满脸皱纹，跟鬼一样，哪有人不惧鬼？

怕就是怕，但把怕说得如此理直气壮，也是人才啊！我猜测啊，任瑰可能就是趁媳妇不在过过嘴瘾。媳妇知道了，铁定又得跪搓衣板！

老板，你们家还招人吗？

五代时有这么一个迂腐、任性的土豪李载仁，他认为世界上最难吃的食物就是猪肉。有一天，他家的两个仆人打架，李载仁很气愤，决定要教训他们一下，就命人从厨房拿来猪肉，让两个仆人吃下去。还严厉地警告，下次再打架，一定要给猪肉抹上酥油，重重地惩罚，让他们吃下去。

听说后来，很多人排队要去他家应聘做家丁。

长安是个好地方

武则天执政期间，为推行佛教，制定了一个奇葩的规定：禁止老百姓宰杀牲畜。亲娘啊，这可馋坏了“吃货”们，但是圣命难为，又得假惺惺地去执行。

一天，御史娄师德到长安的基层检查工作，竟然在食堂发现了羊肉！他虽是咽着口水却严厉质问，官员连忙解释说，这是狼给咬死的。接着他又发现一条鱼，官员又解释说，还是狼咬死的。娄师德哈哈大笑，陕西还真是好地方呀，连豺狼都这么“善解人意”。

遂与众人把豺狼“咬死”之物吃下腹中。

『交子之父』张咏的神逻辑

张咏是北宋的官员，大伙可能不熟悉他。但是古代最早的纸币——交子，就是这位大兄弟发明的。这兄弟是个急性子，还是个大吃货，有一次，他戴着头巾吃馄饨，可是头巾的带子有点长，只要他低头吃，这带子就掉进碗里。张咏越想越生气，火冒三丈，直接把头巾拽下来塞进碗里，叫嚷着：“你吃啊，你吃啊，你全吃了啊！”

黄庭坚有个『好眼力』

黄庭坚有个傻弟弟，收藏了一把古琴，却舍不得用，结果生了虫子。黄庭坚就嘲笑说：“龙池生壁虱”。这个“龙池”指的是古琴底部的一个洞。文人都有强迫症，黄庭坚有了上联，却实在憋不出下联，于是很抓狂。

一天早上，他去弟弟家串门，结果惊讶地发现，没有傻弟弟做不出来的事——他竟然用夜壶养鱼！黄庭坚大腿一拍，下半句就出来了：“虎子（夜壶）养溪鱼。”

我就是有个疑问，夜壶口就这么大点，他咋看见那条鱼的？

刘伶的大裤子

竹林七贤里的刘伶最爱喝酒。有一天，他又喝得烂醉如泥，酒劲上来燥热难耐。刘伶一边喝酒一边宽衣解带，直到一丝不挂。

这时有朋友前来拜访，却看见如此景象，不禁面露难色。刘伶却撇撇嘴：“我以天地为栋宇，屋室为裈衣，诸君何为入我裈中？”

大白话就是：我把天地当房屋，把房屋当裤子，你跑到我裤子里来干吗？

哥，不带你这么玩的

绰号不倒翁的冯道，有一个好友名叫凝同，两人都在一间办公室办公。

一天，凝同看见冯道穿了一双跟自己一样的靴子，就凑过来问：“兄弟，你这双靴子多少钱买的？”冯道很得意，抬起右脚说：“九百。”

凝同性情急，听后很惊讶，就质问帮他买鞋的下属：“我的靴子为啥是一千八？”只见这个时候，冯道又抬起左脚，对凝同说“这只也九百”。

第五章

历史上不一样的烟火

无论你活成什么样子
都一样是主角

古代异人

历史上本可以靠颜值，却偏要选择靠实力的男神！

网络上有一句流行语，叫做“本来可以靠颜值吃饭，却偏偏靠实力”，来形容那些颜值高，能力还强的牛人！扒一扒历史，古代也有这样的大牛人，比如兰陵王高长恭、宋代名将狄青，还有竹林七贤里的嵇康。他们个个都是颜值担当，也是自己所属领域里的“扛把子”！

兰陵王高长恭，他是北齐太祖高欢的孙子，北齐文帝高澄的儿子，北齐后主高纬的同宗兄弟，所以他的富贵肯定没的说。他的颜值怎么样呢？《北齐书》《北史》中说他“貌柔心壮，音容兼美”，《隋唐嘉话》中说他“白美类妇人”。简单理解就是说兰陵王高长恭形象好，气质佳，不仅外貌帅气，而且心胸宽广！

据说，兰陵王那时候已经是北齐国的全民偶像，可兰陵王有更远大的志向，他可不愿意做一个贵公子，而要在战场上实现自己的价值。

可是问题来了，因为长得太帅、太清秀，就显得没有杀气！不够霸气！特别是有一次他带兵打仗遇见突厥，突厥首领讥讽他说："北齐没人了吧，竟派了一个小生来打仗。"然后就是一阵轻蔑的狂笑。

兰陵王很生气，后果很严重，他本身也不是绣花枕头，盛怒之下带头冲锋，杀得对方屁滚尿流逃跑了。回来之后，兰陵王就给自己做了一个特别凶恶的面具。之后，每次带兵打仗，他都戴着这副DIY的面具，作战时火力全开，特别生猛，所向披靡，屡立战功！

特别是邙山之战让他名声大振。当时，北周攻打北齐重镇洛阳，守城部队基本上弹尽粮绝，形势严峻。北齐援军发动了一次次进攻，却都被北周军队击溃，眼看就要面临全军覆没的境地。就在这时，兰陵王亲率五百轻骑突破了北周军队的重重围困，势如破竹地一直杀到洛阳城下，之后与洛阳城内的将士里应外合，一起将北周军队击败。有意思的是，这场战役之后，有懂音律的小兄弟为了颂扬兰陵王的勇猛，特意创作了《兰陵王入阵曲》。自此，兰陵王成了大家心目中的完美英雄。

兰陵王很聪明，他知道什么叫"功高盖主"，自己越能打胜仗，在将士心中地位越高，他的生命就越没有保障，所以后来为了自保，他开始自损形象，啥缺德就干啥，表明自己就是一个贪图享受的家伙，没有什么雄心抱负。

但是即便如此，他依然逃不出后主高纬的算计。后主高纬送给兰陵王最后一份赏赐就是一杯毒酒，兰陵王悲愤交加，却只能无奈一饮而尽。如果当初兰陵王就一心一意地做一个安静的美男子，不去率军打仗，是不是就没有后面的事了？但是，这一定不是兰陵王的性格。

男神狄青也不愿意靠脸吃饭。他的颜值有多高？《宋史》说："青每出入，辄聚观之，至壅路不得行。"就是说，狄青因为长得太帅了，早已是万千京城人心中的偶像，因此他每次出门上街，所到之处都会引发严重的交通堵塞，周边全是驻足围观的人。

还有一个小故事能证明狄青的帅。宋哲宗要为公主选驸马，可是挑来挑去却没有中意的人选。这可难坏了底下办事的人，负责此事的官员就去"套话"，问宋哲宗您这个老丈人心目中的完美贤婿应该是什么样的。宋哲宗想了想就说，你们就照着狄咏的样子来找！狄咏是谁呢？原

神庙大长公主，哲宗朝重于求配。遍士族中求之，莫中圣意。带御器械狄咏，颇美丰姿，近臣奏曰：『不知要如何人物？』哲宗曰：『人物要如狄咏者。』天下谓咏为人样子。狄咏，狄青子也。

来，他是狄青的长子，也是一位一表人才的大帅哥！这么推断，儿子帅，全凭老爹遗传的基因，那老爹狄青该有多帅啊！

但狄青也是一位不靠颜值靠实力的勇士，他跟兰陵王有很多相似之处，比如也是一位猛人，是能打胜仗、打硬仗的名将，而且也戴面具。但是，他之所以戴面具，除了展示自己的勇猛之外，还有一个难言之隐。当年狄青他哥跟别人打架，结果把人给打死了，狄青代兄受过，在充军服兵役的时候脸上被刺了字。这里普及一个小知识点，在宋朝只有两种人的脸上有刺字：一种是吃皇粮的底层士兵；另一种就是犯了法的囚犯。《水浒传》里的梁山好汉们就是这样。据称，狄青的面具十分狰狞恐怖，敌人第一次见，还以为是遇见了妖魔鬼怪，以至于还没交战，先吓傻三分钟！

可以说在战场上，狄青从来都是身先士卒，屡立战功。但是，自古英雄多落寞，离开战场的狄青命运并不好，尤其是宋朝的武将多不招人待见，欧阳修等人还一个劲地弹劾他，说他有谋逆之心，狄青是跳进黄河也洗不清，最后抑郁而终。

第三位不靠颜值拼实力的男神，就是竹林七贤中的“门面担当”嵇康。关于嵇康的帅气，还有个小故事。嵇康有一个小“迷弟”名字叫赵至，因为曾经见过嵇康一面，就再也不能忘怀，茶不思饭不想，夜不能寐，天天吵着嚷着要去找嵇康。由此可见嵇康的个人魅力。

《世说新语》记载嵇康"身长七尺八寸，风姿特秀"。按照魏晋时期的尺寸标准换算过来也是一米八几的大高个，身形挺拔，堪称完美男神。才华方面更不用说，作为偶像兼实力派选手，唐代画家张彦远说他"能属词，善鼓琴，工书画，美风仪"。就是说，诗词文章，吹拉弹唱，书法丹青，嵇康全都会，而且人还帅气。另外，他还特别喜欢打铁，经常光着膀子给村民们打造农具。有钱的多要点，没钱的少要点或者不要钱，他拿这些钱干啥呢？大都买酒喝了，丝毫没有大牌的架子！

但是，自古不仅红颜多薄命，长得帅的男神也往往命运多舛。嵇康遭人诽谤，司马昭下令将嵇康处以死刑。据说，当时有三千学生向朝廷请愿，请求赦免嵇康，并要拜嵇康为师。而前来为嵇康送最后一程的多达万人。临行刑前，嵇康向监斩官请求让他再抚一次琴，他演奏了一首《广陵散》，曲终之后刽子手手起刀落，嵇康死时年仅三十九岁。

那些不靠颜值而靠实力靠才华的男神，似乎命运结局都不太好，这算不算天妒英才呢？

这些历史上的大咖，竟然都用过『替身』

历史中总能找到一些事物的规律，比如，替身都是委屈自己，成全别人的。

现在明星大腕拍戏的时候，有时会用替身，其实古代也有替身，帝王将相很早就用替身，那时候，替身就是用来“背锅”的。无论古今，替身都是付出型的工作。尤其是古代，想要成为一名合格的替身，除了胆识、气魄、忠义之外，还要有不怕死的决心。虽然他们不是主角，但历史却因为他们发生着改变。

比如说，逢丑父是春秋时期齐国的大夫，他就是一位有胆识的替身。

晋国有一位名臣良将名叫郤克。他先天不足，跛足驼背。但人很精明，也特骁勇善战，所以深得晋景公的赏识。一次，晋景公委派郤克担任使臣出使齐国。齐顷公比较八卦，听说晋国出使的外交官长得有点“奇特”，竟然拉着他妈一起看热闹，在接见的时候，自己坐在朝堂之上，让他妈藏在后面。但齐顷公他妈不光好奇，还笑出声来，而且还笑得特夸张！郤克当然知道，这是在羞辱自己长得不帅，他怒不可遏。回国后，老郤就请求晋景公出兵伐齐，但晋景公不同意，认为时候未到，就让他先消消气。

终于，老郤找到了出这口气的机会。那年，齐国攻打鲁国和卫国。这两国赶紧就向晋国求救，晋国做大哥的得罩着小弟，于是晋景公就派老郤率军前往。

老郤这一路气势汹汹来到了齐国。齐顷公也严阵以待，亲自率军抗敌，在他旁边的就是逄丑父，逄丑父的职责是护卫国君。这一天早上，齐国军队与晋国军队在鞌地摆开阵势，要一决雌雄。齐顷公发表战前动员讲话：“兄弟们，咱们拼了！回来后，咱们一起吃早饭。”说完，就带领大军冲进晋军的队伍，可万万没想到他们中计了，被晋国包了饺子。

此时，齐顷公身陷包围之中，逄丑父急中生智站了出来，他赶紧与齐顷公换了衣服和位置，齐顷公假装为保镖，逄丑父则穿上了齐顷公的甲胄，为齐顷公寻找跑路的机会。

很快，郤克手下的一员大将韩厥杀到了齐顷公的车前，俘虏了全车人。这韩厥可高兴坏了，把逢丑父错当齐顷公，以为自己立了大功，就等着回去领功受赏。

现在，合格的替身演员逢丑父开始了他的表演。在往回押的路上，假装齐顷公的逢丑父说自己口渴，就取出一个瓢，命令身边的齐顷公说："我渴了，去取水来。"韩厥大大咧咧地也没在意，就让齐顷公去了。结果，齐顷公在晋军的眼皮底下偷偷逃走了，之后又在沿途齐军将士的帮助下安全撤回。

这边，不知情的韩厥带着齐顷公的替身逢丑父回到晋军大营。因为郤克见过齐顷公，更忘不了他母亲的讥讽，知道上当后，当即就要杀了逢丑父。但逢丑父却有理有据地说："臣子代替君主赴难，至今还没有这样的人，我首先这样做了，反要被杀害，以后谁还敢这样忠于君主呢？"刚才提到了郤克是大将，听完逢丑父的话，他想想也对，就对身边人说："代君赴难的臣子不能杀。我赦免了他，用来勉励尽忠于国君的人吧！"于是就放掉了逢丑父。逢丑父最终圆满地完成了自己的任务。现在济南有一条路就叫丑父路，以纪念逢丑父的忠义。

> 呼曰：『自今无有代其君任患者，有一于此，将为戮乎？』郤子曰：『人不难以死免其君，我戮之不祥。赦之，以劝事君者。』乃免之。

刘邦也用过替身，他的替身名叫纪信。

根据《项羽本纪》记载，公元前204年，楚汉之争已经进入了第三个年头，楚霸王把刘邦围在了荥阳，城内缺水断粮，危在旦夕。就在这个时候，替身纪信出场了！他向刘邦建议：“我跟大王您的脸形很像，我来假扮您，咱们来个诈降，您趁机赶紧逃出城去。”刘邦一听，主意不错！于是，就赶紧让陈平写了一封投降书，说自己当晚就打开东门，出城投降。同时也在城内放出风声，制造舆论，说城内粮草已尽，刘邦要投降。

项羽收到投降书后十分开心，早早就在东门等候，可是当东门打开的时候，刘邦并没有出现，出现的是一群群争先恐后出城的百姓，项羽都蒙了，这是什么情况？殊不知，刘邦乔装打扮后，在小弟们的护送下从西门逃跑了。

可怜了楚军战士，那是望眼欲穿啊！左等右等不见刘邦出来。终于，身着汉王服饰的纪信乘坐着刘邦的座驾慢悠悠地出城了。这让项羽提着的心终于放下了。项羽大喜过望，楚军也是高呼万岁。

但是，等项羽走近一看，发现那并不是刘邦。纪信这边视死如归地大喊：“吾乃大汉将军纪信！”项羽彻底被惹怒了，马上质问道：“刘邦跑哪儿去了？”纪信这边轻蔑地回答：“汉王早已离开。”项羽一代枭雄，他看纪信很忠义，本有招降的意思，但纪信不从。项羽就彻底失去了理性，他气急败坏地命人直接将纪信活活给烧死了。

刘邦还算是比较仁义的，后来，他战胜项羽建都长安，在庆功会上想起了纪信的功劳，封纪信为督城隍。后来还下令全国各地建城隍庙。这里还有一个知识点，这就是后人称纪信庙为“城隍庙”，纪信塑像为“城隍老爷”的原因。

大名鼎鼎的朱元璋也用过替身，他的替身名叫韩成。

当时，朱元璋和陈友谅在鄱阳湖决战，朱元璋当时实力不济，好几员大将战死沙场，更悲催的是，朱元璋准备跑路的时候，船还搁浅了，一下子就被陈友谅的猛将给包围了。看到此情此景，朱元璋满脸的失落，连声哀叹道：“这是上天要亡我啊！”就在这个时候，甘愿做替身的忠义之士韩成登场了。

韩成对朱元璋说：“自豪梁起义，历经艰辛，眼看元朝将灭，百姓重见天日，今主公一死，群龙无首，岂不功亏一篑，前劳尽弃？古人云：杀身以成仁，属下不才，但与主公状貌相似。自请替主殒身，虽死九泉之下，也对得起沿淮父老。”说完，就强行与朱元璋更换了衣装，自己冒充朱元璋，然后对着陈友谅的部队喊话：“放过我朱元璋的兄弟们，我就投河自尽。”得到陈友谅部队同意之后，韩成义无反顾地跳入河中。

这下子，陈友谅的部队大乱，各个将领、士兵都争先恐后跳入湖中，要打捞“朱元璋”的尸体。这是为什么呢？原来在开战之前，陈友谅曾许诺：“得朱元璋的脑袋，可以升大官、发大财。”所以这会儿，陈友谅的将士都在抢“朱元璋”的人头！而朱元璋赶紧趁乱逃跑，之后，再组织全军反击！这下子，大难不死的朱元璋，顺利地杀掉了一代枭雄陈友谅。

历史上的『潇洒哥』，不需要懂，膜拜就可以！

前几年流行一句话：“不要崇拜哥，哥只是一个传说。”，这句话酷酷的，很有意思！历史上有很多“哥”，也留下了很多传说。不过，这些“哥”在世俗之人的眼中显得格外任性、洒脱，甚至不羁。可是回过神来，你细细品才发现，这些“哥”真的是“大神”，只是因为我们高度不够，自然看不穿，也看不透，达不到人家的境界。

王羲之被称为“书圣”。可关于他的品性人格，我们知之甚少。这里跟大伙分享一个王羲之相亲的故事。

东晋的重臣大将军郗鉴特别稀罕自己的闺女，闺女名叫郗璿，长得很让人心疼，而且才思敏捷。老爹郗鉴为女儿的终身大事操碎了心，一直严把质量关，坚决不让“渣男”靠近闺女。可是面试来面试去，都是一些“歪瓜裂枣”。

一天，他突然想到丞相王导背后的王家是个大家族，而且子侄一大堆，听说各个还都是文化人，就决定拜访王导，希望两家人能联姻。王导知道来意后很高兴，就对郗鉴说：“没问题，到时候您安排人来面试挑选，选中哪个，就是哪个。”随后，双方就约定了面试的日期和地点。

这边，王导的子侄知道后也很高兴，他们都知道郗鉴的闺女可是绝世大美女，而且有这样的老丈人，对日后仕途也大有裨益。所以，各个都很重视，要把自己最帅的一面展现出来。

终于到了约定的时间，郗鉴安排自己的管家先进行面试，王导的子侄二十多人各个都跃跃欲试，表现积极。郗鉴家的大管家也不住地点头，果然名不虚传，都是青年才俊啊！可是在东近的床榻上，有个人引起了大管家的关注。因为别人都是穿戴整齐、正襟危坐。这个小伙子却袒腹仰卧，丝毫不注意个人形象！他是走错屋了，还是来“打酱油”的？当然不是，这个小伙子就是王羲之，他当然知道自己是参加面试的，本也想好好打扮一下，可是在来的路上，突然发现了东汉著名书法家蔡邕的一幅书画作品，内心激动不已，一直在研究。突然发现自己快赶不上相亲面试了，撒腿就往王导家跑。因为当时是大热天，等赶到面试地点的时候，已是大汗淋漓、汗流浃背，于是就扯开衣裳，扇着蒲扇。可是王羲之就连这时的心思都还在那幅书画作品上，因为太入神了，所以，周围发生的一切都没能引起他的注意，包括面试官大管家对他投来的惊愕目光。

大管家回去之后，就把自己的所见所闻都给郗鉴做了汇报，郗鉴听后先是惊讶，后是大喜，然后就说，袒腹仰卧的这个人是如此与众不同，必有过人之处！很快，郗鉴就对王羲之组织了第二场单独面试，面试的结果更让郗鉴高兴，王羲之才貌双全，温文尔雅，于是当场下了聘书，认定王羲之就是自己的贤婿！自此，“东床快婿”这个故事就这么流传了下来。

古话讲，有其父必有其子，王羲之是这样的人，他的儿子王徽之也是如此，他是王羲之第五个儿子。他跟他爹一样生性洒脱，也沾染了当时的名士习气，就是不修边幅、胡子拉碴，看来那个年代就很流行“大叔范儿”。

有这么一个故事，王徽之当时住在山阴县（今浙江绍兴），一天晚上下起了鹅毛般的大雪，他从睡梦中突然惊醒，就让仆人打开窗户，斟上酒，自斟自饮欣赏雪景。他触景生情，想到了好朋友戴逵。当时戴逵住在绍兴曹娥江上游的剡县，但他是行动派，说走就走，于是简单收拾东西，就连夜乘船跟仆人一同前往剡县探望故人。经过一晚上的折腾，终于到了。可是马上就要进戴逵家门口了，王徽之却冷冷地跟仆人说：“回家！”

仆人心里十分惊讶。王徽之看仆人很惊讶，就对仆人说，“我探望朋友，是趁着兴致前来，可现在兴致全无，索性就返回吧，我为什么一定要见他呢？”

还有一位名士叫羊曼。羊曼出身于魏晋名门望族。他是西晋开国元勋羊祜的侄孙，后来跟着晋元帝重建了东晋朝廷。羊曼很有才，却有点狂放不羁，经常不按套路出牌。

现代很多习俗都来源于古代，比如升迁之后就要请客吃饭，大家开派对庆贺。羊曼当时升任丹阳尹，也宴请了大家。可是他请客吃饭有个特点，就是先来后到。来得早的坐上座，来得晚的只能将就着坐，羊曼可不管你是什么官，官职再大也要按照先来后到的顺序安排座位。再说吃的，来早的有美食大餐伺候。要是来晚了，对不起，您只能将就对付几口，因为厨师下班了。

> 曼拜丹阳，客来早者得佳设，日宴则渐罄，不复及精，随客早晚而不问贵贱。

与之形成鲜明对比的，则是羊氏家族的羊固，他升迁之后宴请大家，就显得很“土豪”。他大摆宴席的时候，客人无论来得早晚，都是座上宾，美食美酒，管饱管够，可以说是五星级酒店的接待标准！

如果按照现在的评价体系，羊曼这样招待客人，肯定会落下一个小气、抠门的名声。评价羊固肯定是周到、细致，让人宾至如归。但是，东晋时期的上流社会并不这么认为！按照“魏晋风流”的标准，羊固的大餐是不及羊曼的剩饭残羹的，原因就是羊曼的请客之道是率真的、真性情的、不迎合的，他的宴请情感很真挚。相比之下，羊固的请客之道虽然很用心、很周到，却缺少人的“自然”和真性情，所以他的宴请体现出的情感在魏晋风流的名士眼里很“世俗”。

各位，这样的评判标准，如果脱离了当时的社会环境，我们真的不懂，更不理解！估计羊固也不懂，虽然他生在魏晋，却没有“魏晋风流”，心里可能还骂：“这帮人也太不识抬举，太难伺候了！”

唐伯虎的诗词说：“别人笑我太疯癫，我笑他人看不穿。”上面三位潇洒哥一定很认同！

他们的心声可能是“我的世界只有一条街，我就是这条街上最靓的仔！不接受反驳，也不需要你们承认，因为你们不懂我！”

我很丑，可是我很温柔还有才情！

赵传有一句歌词，“我很丑，可是我很温柔”，唱出了一个颜值不够的男人的心声。潜台词就是，“我丑我知道，但我也有优点，你不能因为我的丑，就剥夺我对美的追求和向往。这样不地道！”

在古代有个叫贺铸的人，他就说：“我很丑，但我既是男子汉也有柔情。”

贺铸是北宋著名词人，也是北宋著名“丑男”。有多丑呢？人送外号“贺鬼头”。各位，一个人的相貌长得跟鬼头一样，这不仅是丑，而且是吓人！

《宋史·贺铸传》这样记载：“长七尺，面铁色，眉目耸拔。”他的好友程俱为他写墓志铭，说他嘴巴大、眉毛稀。他长成这样让家里人都很担心，能不能娶到媳

哆口，竦眉目，面铁色。

妇呢？好在他也算名门之后，他是宋太祖时期贺皇后的族孙，只是到了他这一代，只能靠祖辈的蒙荫，让朝廷安排负责军械库的工作。但他这个官有意思，别人闲着无聊爱打个盹、睡个觉，他却喜欢看书、吟诗作词，是个文化人。

宋朝宗室济国公赵克彰看出贺铸的与众不同，就决定把自己的闺女嫁给他。贺铸当然很开心，真诚对待人家姑娘，两个人就在苏州安了家。赵姑娘虽然也是大家千金，却不是娇滴滴的小姐，两个人婚后相敬如宾。

但是，一个小官吏能挣多少呢！所以，他们的日子过得很清贫。贺铸也很努力，心心念念着要在战场上立功劳，以此来改变他的人生！可是一直没有机会，工作倒是换来换去，却依旧是一个打杂的小官。好在，小两口没有被一地鸡毛打败。除了日子过得有点紧巴外，两个人相濡以沫，留下了很多美好的记忆。

比如，有一年夏天，贺铸看见媳妇正在缝补他冬天的大棉袄，就问媳妇："冬天还没有到，现在着急补衣服干啥啊？"他媳妇就回答："缝补衣服是她的本分，要是等到冬天缝补怕来不及，等缝好了冬天一到就能穿上暖和棉袄，这不是挺好。"说完，两个人深情地四目相对，再次确认了眼神，没错，遇见对的人了！

此后，贺铸弃武从文，在苏轼等人的引荐下当了文官，仕途上也小有进步，一切都朝着好的方向发展。可是，人算不如天算，贺铸五十七岁的时候，赵姑娘突然离世，贺铸悲痛欲绝。为了平复心情，他选择离开那个曾经美好而现在变为伤心地的苏州。他最美好的年华、最美的记忆、最爱的人，都留在了那里。一年后，他重新回到苏州，并写下了千古名篇《鹧鸪天》：

重过阊门万事非，同来何事不同归？
梧桐半死清霜后，头白鸳鸯失伴飞。
原上草，露初晞。旧栖新垅两依依。
空床卧听南窗雨，谁复挑灯夜补衣？

各位，仔细体会贺铸细腻的情感：旧地重游却物是人非，我们一同来，为何不一起回？现在白发的我像霜降后半死的梧桐、失去伴侣的鸳鸯。看着旧时住处和你的新坟，让我怎能不伤心欲绝。我独自躺在床上，听着雨打在窗户上的声音，可谁还会为我深夜挑灯缝补衣裳呢？

也许只有柔情的男人，心思才会如此细腻，会将那缠绵的情意和恋恋不舍表达出来。这些情感与相貌无关，表现的是一个男人的真诚、善良还有那颗温暖热忱的心，这也许就是赵姑娘不嫌弃样貌，追随陪伴贺铸的原因。

说完了柔情，下面再说说才情。现在，我们常说一句话：“人丑，就要多读书。”这是有一定道理的，否则，人无长处很难有立锥之地。这一点，西晋时期的大文豪左思一定感同身受。左思是谁呢？了不得，他是写就《三都赋》，造成“洛阳纸贵”的大文豪。可是大文豪的相貌着实让人不敢接近。《晋书》对于他的容貌，只给了寥寥两字，“貌寝”。大概就是说，这人长相难看，大家可以自行脑补这长相了。

左思出生在一个小官吏的家庭，父亲挺有文化，也用心培养儿子，可左思从小就特别有个性，父亲叫他学习书法鼓琴，他没兴趣也不愿意学。父亲恨铁不成钢地对朋友说：“思儿的学问还比不上我小时候。”这一句话彻底刺激到了左思，从此左思开始潜心学习钻研，随后也算小有成就。

可他毕竟还是一个有个性的少年。当时的社会主流style是魏晋风流，名士很多。比如有才、有钱、又帅的花样美男潘安。他走在大街上，小姐姐和小阿姨们倾城出动，送花的，送水果的，送香包的，用各种各样的方式表达爱慕之情，把洛阳城围了个水泄不通，严重影响交通。

《世说新语》记载，左思也想感受一下这种被粉丝崇拜的大明星感觉，他于是效仿潘安，坐上马车在城里巡游。可是，因为他长得太对不起观众，所以他所面对的不是粉丝的崇拜欢呼，而是一群老大妈的倒彩，这让左思的内心大受打击。所以，有小伙伴们说，左思这是在“作死”！

就这样，左思灰头土脸地回到家里，从此就更加孤僻了。但是，这件事也让他彻底想明白了人丑就要多读书的道理，因为都说知识可以改变命运，所以此后的时间，他就开始更用功地钻研和学习，修炼“内功”，废寝忘食地“憋大招”。整整十年，终于写就了《魏都赋》《蜀都赋》《吴都赋》，一下子引爆了整个洛阳城。城里的读书人谁要是没有读过这三篇文章，都不好意思说自己是读书人，后来人们争相抄写品读这三篇大作，造成洛阳纸贵，一纸难求。左思的故事告诉我们，才能与相貌无关，而是和一个人的智慧、认知还有进取拼搏的心相关。

我很丑，可是我很温柔还有才情！以上其实告诉我们一件事：这个世上，其实没有丑人，只有懒人、不思进取的懒人。

对不起，入戏有点深，真把自己当皇帝了！

也许每个人心里都有一个帝王梦，但最多就是做做白日梦！

可是，在古代，真有大神人剑走偏锋，成了“皇帝”，他们不是推翻政权另起炉灶，因为那样成本太高。他们直接冒充皇帝，狐假虎威，坑蒙拐骗，因为这样成本低！最逗的是，有时候骗子入戏太深，演得太像，还受到一大票不明真相的吃瓜群众热捧，竟真忘了自己是骗子。当然他们的结局可想而知，也着实令人大跌眼镜。

《治世经典》记载了这么一个故事：唐懿宗刚开始执政的时候，很勤快，励精图治、海内太平。那时候因为他信仰和支持佛教，所以，佛教在其统治期内得到了快速的发展，他更是以身作则，广建佛寺、大造佛像、布施钱财。当年唐懿宗甚至亲自主持法门寺迎奉佛骨舍利大典。

据说那一天，从长安城到现在宝鸡法门寺沿途锣鼓喧天、鞭炮齐鸣、人山人海、彩旗招展，禁军和仪仗队绵延数十里，那氛围、那气势，远远超出唐懿宗主持的祭天大典。唐懿宗说了：“能活着见到佛骨，就是死，也没有什么可以遗憾的了！”也正因为此，他还有一个喜好：没事穿便装到京城各个寺院走一走，看一看，拜一拜。结果，当时万岁爷喜欢游览寺院拜佛祖，成了公开的“秘密”。

一天，皇家寺院大安国寺里来了一位举手投足都是贵族风范的大人物，身后还跟了两个小跟班。因为派头很大、着装华丽，平头老百姓肯定没有那么大的派头，寺院里的小和尚就赶紧把情况向老和尚报告，老和尚说：“不用猜，肯定又是万岁爷来咱们寺院视察工作，赶紧去接驾。”

老和尚气喘吁吁地跑来迎接圣上，此时，只见那位大人物正在与两个乞丐攀谈，并且给乞丐赏赐了一些随身携带的金银珠宝，两个乞丐跪谢之后就走了。老和尚赶紧跑过来，一阵猛夸：“圣上真是菩萨心肠啊！这是我等黎民百姓的福气。”大人物只是呵呵一笑，继续往大殿走。

没多久，出现一个状况：两个乞丐走了，却引来更大一帮乞丐，全围着大人物讨要财物。看到此景，大人物痛心疾首地说：“现在，竟然还有这么多兄弟姐妹吃不饱饭、衣不蔽体，这是我的失职啊！只可惜，今天没带太多的钱财，无法救济更多的人！”说完，竟潸然泪下。

其中一个跟班赶紧凑到老和尚跟前问：“寺院中还有什么东西可以帮扶这些生活困难的人吗？”老和尚也不敢撒谎，就说：“寺院中有某江淮官员寄存于此的一批绫罗绸缎，可这不是寺院的，我不好做主！”

小跟班面带愠怒，他让老和尚把绫罗绸缎全都施舍给这些穷困的“乞丐”，第二天，让老和尚到某某地方相见，他连本带息加倍偿还。大人物连连点头。

老和尚没辙，就照着办了！这下，这些“乞丐”高兴坏了，每个人都满载而归。可老和尚却被坑惨了，因为第二天他到相约的地方等了整整一天，都没见人来！第三天、第四天，一连好几天过去了，也一直没见到那个小跟班。

后来老和尚四处打听才知道，大人物根本不是皇帝，小跟班也根本不是皇帝的随从，就连这些乞丐都是假的，他们是团伙作案专门设了一个局，把这些绫罗绸缎给骗走了。

原来，这个作案团伙打听到大安国寺有一批绫罗绸缎，想发笔横财，就铤而走险，精心预谋上演了一出“大戏”。他们首先找了一个外形酷似唐懿宗的托儿，为了使这个假皇帝举手投足更有帝王范儿，更是搞了一个内部培训，皇帝怎么说话，做什么动作、有什么眼神，就让这个托儿去模仿，努力做到形神兼备。准备的那套“便服”更是高端大气上档次——选用上等的香料一个劲儿地香熏。皇帝就得有皇帝的派头，即便是假皇帝微服私访。一切准备妥当后，安排好跟班随从和乞丐等群众演员，就去行骗。当然，他们的表演无懈可击，可谓“戏精附体”，天衣无缝，顺利完成“演出”任务。

各位说说，知道真相的老和尚会不会当场被气吐血？可能有小伙伴问了，这故事不对啊！不是说唐懿宗经常去这个寺庙吗，老和尚应该能识破这个人不是真正的唐懿宗啊！咱猜测，古代礼仪制度森严，老和尚可能从来没有抬头正眼看过真正的皇上，每次见都是低头用余光去瞄，所以皇帝长什么样子，他只能看个大概！所以，这帮骗子也借用了这点，精心且大胆地实施了这次惊天大骗局。

还有一个假扮帝王的故事，故事中的几位“主演”可真是“戏精”中的“精英”。故事背景是戊戌变法失败后。在武昌有一个青年人和一个中年人，青年人气宇轩昂，举止不凡，却略有一丝忧伤；中年人白白胖胖，没有胡须，说话尖声尖气。他们一看就是主仆的关系。

因为他们的生活方式特别土豪。吃，吃最好的；用，用最好的。不仅讲品质还很讲品位，跟一般土豪地主的生活水平完全不是一个档次！所以，大家都觉得这两人很奇怪，于是就有好事的人去偷窥他们的生活，结果大吃一惊：这个中年人伺候青年人的时候，曾说了一句“圣上”，并且青年人盖的被子还有龙的图案。于是，武昌城里就流传光绪皇帝本尊驾临我大武昌。

可是流传毕竟是流传，到底这皇帝是不是真的呢？最简单的办法就是验明这太监的正身。于是，有人去约中年人泡澡堂子，结果，他发现这中年人还真是一个太监。还有一帮人四处去找光绪皇帝的画像作对照，结果跟这个青年人十分相像！这下坐实了，果真是光绪皇帝来到武昌！

一批当地土豪都按捺不住激动的心、颤抖的手，大包小包拿着金银珠宝或者土特产排队献殷勤，都希望能抓住光绪皇帝这个靠山，往后那也是上头有人，啥事都好办啊！可是这个事闹得有点太大了，就惊动了知县老爷。知县老爷觉得此时有些蹊跷，这个光绪皇帝也太不矜持，一点世面没见过，就连张三、王麻子送的“土鸡蛋”都收啊！就赶紧给上头领导张之洞汇报，张之洞是权臣，朝里的情况他清楚，戊戌变法失败后，光绪皇帝就被慈禧太后严加看管，怎么会在这个时候出现在武昌呢？为保险起见，赶紧问问京城里的人，得到的回复是：光绪皇帝还被软禁在宫中。这下就确定了，武昌城里的这俩人是冒牌货，就赶紧派人抓了这两个人。

原来，这个青年人是一个优秀的演员，之前就经常演帝王戏，所以扮演起帝王信手拈来。而这个中年人，的确是宫里的太监，但是因为挣钱少，来钱慢，他就跟这个长相酷似光绪的戏子想到了这么一出戏。只是可惜，这戏结束了，他俩的人头也落地了。

长谈资的小段子

齐国有两个勇猛哥，一个住在城东，一个住在城西，都号称自己的勇猛天下无敌！有一天两人遛弯相遇，甲对乙说，久仰大名，不妨喝几杯。乙对甲说，难得相见，正合我意。

于是两人推杯换盏，都有点醉意。甲说，光喝酒有啥意思，弄点肉来吃啊！乙也觉得无肉不欢，但觉得再去买肉太麻烦，就说，你身上有肉，我身上也有肉，咱相互在对方身上割点肉，蘸点酱油吃啊，如何？

于是，没多久，两位勇猛哥倒在了血泊中。

远离愛犯二的勇猛哥

清朝时想给京官行贿，脑洞也得挺大。比如，你得先去琉璃厂的古董店，告诉老板，你看中了哪位京官收藏的什么古董字画，然后给足银两。老板就会去这位京官的家里，替你买下，然后再交到你手里。

接着，你就可以拿着你买的古董上门拜访、完璧归赵，形成闭环。多雅致！多有文化！

好清新脱俗的套路，佩服

史上最牛『情况说明』

北齐有一个公务员叫皇甫亮，他最大的爱好就是喝酒。所以，他经常烂醉如泥，旷工更是家常便饭。有一次竟然连续三天没有上班，北齐文宣帝很生气，就批示让他写个情况说明。

皇甫亮的情况说明很简单，就11个字：“一日雨、一日醉酒、一日病酒。”

文宣帝的回复更简单：“杖三十。”

哥是去做官的，你却把哥当『快递小哥』

东晋时的南京城有一哥儿们叫殷羡，他秉性耿直，被朝廷任命为豫章太守。临上任，很多人都到他家拜访，一是为他送行，另外则是托他捎信到南昌。殷羡碍于面子就全都收下了，结果收到了100多封信。

殷羡郁闷坏了，于是走到一个叫石头渚的地方，拆开所有信件，一看都是一些拉关系、跑人情的内容，没啥正经事，这更让殷羡气不打一处来，直接就把信全部扔进河里，嘴里还嘟囔着，沉者自沉，浮者自浮，我又不是“快递小哥”。

又是一个重度洁癖患者

倪瓒是元末明初的大画家，挺有名望，朱元璋曾邀其为官，但被他拒绝了。据说，他有重度洁癖。他家的厕所很高级，下面填土，上面全是鹅毛。“凡便下，则鹅毛起覆之，不闻有秽气也。”

最逗的是，有一朋友夜宿他家，夜里，他三番五次趴在窗外，生怕客人弄脏客卧，结果还真听见客人咳痰，这下完了，他一夜未眠。第二天一大早，倪瓒就让仆人去客卧找客人吐的那口痰，但是仆人找了一圈都没有找见，又怕倪瓒唠叨，就找了一片树叶，在地上擦了擦，拿去给倪瓒交差，倪瓒赶紧闭上眼，捂着鼻子，叫仆人扔到三里外。

但是，造化弄人，他死时却没那么干净，关于他的死有两说：一说他临终前患痢疾，“秽不可近”，另一说他是被朱元璋扔进粪坑淹死的。

第六章

历史里藏着的秘密

只有知其所以然
才能让你走得更远

历史教训

古代人生导师，也有自己走不出的局！

生活中，我们身边不缺少“人生导师”。

当你失恋分手的时候，他会站出来给予你安慰和力量。当你遇到困难和挫折的时候，他给予你关怀和建议，让你恍然发觉自己的生活并不是一地鸡毛。可是，当这个曾经安慰你、给予你力量的“人生导师”自己遇到同样的问题时，他却表现得比你更颓废、更失落。这也许就是当局者迷，旁观者清！

古代有一位堪称人生导师的大神，他名叫魏牟，是战国时期的魏国人。魏牟洞察力超强，辩才出众。他经常以大德、智者的身份参加各种活动，发表主题演讲，教导众人，所以他的言行在《列子》《庄子》《战国策》中都有记载。

他的人生有很多高光时刻，比如，以“白马非马”观点闻名于世的战国著名辩论家公孙龙就曾经很困惑地向魏牟求教。公孙龙说自己从小学习圣王的主张，长大后懂得仁义，通晓辩证理论，能把白的说成黑的，能把错的说成对的，能让众多善辩之人理屈词穷，自认为达到了“通达”的境地，可如今看了《庄子》，就有点发愣，十分迷茫，不知是因为自己的辩才比不上庄子，还是知识储备不如庄子。

魏牟的回答堪称经典，还形成了两个至今仍在使用的成语：“坐井观天”和“邯郸学步”。他回答说：“你以为你很牛，其实你就像坐在井里的青蛙，根本不懂外面的世界。你的才智还不足以知晓是与非，更不足以通晓庄子那极其玄妙的言论，可你却浅陋地用察视的办法去探寻它的奥妙，用论辩的言辞去索求它的真谛，这只不过是用竹管去窥视高远的苍天，用锥子去测量浑厚的大地，不是太渺小了吗！”

魏牟喝了口水，润润嗓子又说：“你难道没听说过，燕国的寿陵有个人到赵国的邯郸学习走路吗？以为学会了走路，回来就能当男神，可是他不仅没有学会，还忘记了自己原来是怎么走路的，最后只能爬着回去。你现在一定要小心，千万别啥都没有学会，还忘了自己原来的本领，这就得不偿失了！”

公孙龙听了这一番话，目瞪口呆，史书上形容他，“口呿（qú）而不合，舌举而不下”。看看，像极了被教导主任怒批的小学生。

还有一次，魏牟前往秦国游学。秦国的大牛人，给秦王提出过“远交近攻”策略的范雎热情接待了他，因为知道魏牟是大德，在魏牟结束游学即将离开秦国的时候，范雎就向魏牟请教，有没有什么可以告诫自己的“金句”作为临别赠言。

魏牟也是爽快人，说就算你不问，我也要忠告几句，于是结合自己在官场的所见所闻、所思所想，提出了被后人誉为“官周率”的官场魔咒。他说：“显贵和财富没有必然联系，但人一旦显贵，财富就会跟着来；财富和美味没有必然联系，但人有了财富，美味就会跟着来；美味和骄奢没有必然联系，但人只知享用美味，骄奢就会跟着来；骄奢和死亡没有必然联系，但人一旦骄奢，死亡就会跟着来。前朝以来，多少人皆因此而丧命。”范雎听后连连点头感谢。

> 夫贵不与富期，而富至；富不与梁肉期，而梁肉至；梁肉不与骄奢期，而骄奢至；骄奢不与死亡期，而死亡至。累世以前，坐此者多矣。

魏牟确实厉害，他总结出来的这套“堕落规律”多准！直到现在都很适用。一个人拥有了权力、地位之后，如果不能严于律己，而是膨胀放纵，满足自己的私欲，那就难逃“官周率”的魔咒。

各位，猜想像魏牟这样的贤能之士，应

该早已经大彻大悟，跳出三界外，不在五行中，走遍大江南北，都是一副教育别人的样子。可是殊不知，他自己也有解不了的困惑。

魏牟曾经向战国时期的道家学者、哲学家詹何求教：“我的身体虽然过着隐居的生活，可是我的心志却还留恋在朝堂之上，这怎么办呢？”詹何告诉魏牟：“若真的珍惜自己的生命，就会把功名利禄看得很淡”。魏牟苦笑着说：“这道理我懂，可我做不到！怎么办？”詹何则淡淡地说：“做不到就不要强求，顺其自然，学会尊重自己的内心，就不会着急上火！如果强求改变，而急火攻心，这对人而言是双重的伤害，这样的话，人是不会长寿的。”教导主任魏牟苦涩地点点头，“人生导师”也有自己走不出的局。

其实，纵观史料，当时社会对“人生导师”魏牟的评价并不高，其中《荀子》更是批评他“唱的比做的好，说一套，做一套，性情暴虐，任意妄为”。看来，所谓的人生导师有可能不是“专家”而是“砖家”！

但是，话又说回来，世事是复杂的，能洞见真理的人，未必能实践真理，有几人能真正做到“知行合一”？不过，在遭遇困惑的时候，哪怕有一个人能答疑解惑，也是很温暖的一件事。

古人的吃亏哲学，是自欺欺人吗？

关于“吃亏是福”，其实社会上一直有两种观点。一种观点认为：人在这里吃亏，在其他地方会得到补偿甚至得到更多补偿，所以吃亏是福。另外一种观点认为：所谓吃亏是福，纯属自我安慰。您更认同哪种观点呢？其实这个问题折射出的是生活态度，如果上升一点高度来讲，叫做处世哲学。分享三个故事：

第一个故事发生在康熙年间的安徽桐城，老张家和老吴家本是邻居，也都是有头有脸的大户人家，可因为一堵墙的问题，互相寸步不让，争吵得天翻地覆、剑拔弩张。为了在这场争夺上占据上风，老张家连夜写了一封家信，快马加鞭送到了京城。没错，老张家在京城有靠山，而且这个靠山高居文华殿大学士兼礼部尚书，名叫张英。如果您不熟悉张英，他儿子您一定听过，就是大名鼎鼎的三朝元老张廷玉。张英一生很儒雅，很温和，看到老家寄来的信，以为出啥大事了，就赶紧拆开，可看完就笑了。

这信的意思是：希望他这个京官，给桐城地方官施加点压力，好“摆平”吴家。张英觉得不应该这么处理，于是提笔就回了这么一封信，是首打油诗：“千里修书只为墙，让他三尺又何妨。万里长城今犹在，不见当年秦始皇。”

各位，这就是境界格局，这就是处世哲学。秦始皇统一六国，雄霸天下，修筑万里长城，可如今他人呢？不也早成了黄土！大老远来一封家书，以为家里出了大事，却只因为一堵墙！咱就吃点亏，让他家三尺又能怎么样呢？

张英的家人毕竟是书香门第，是讲道理的，于是就按照张英的意见，把墙主动让出三尺。邻居老吴一看，老张家都让了，咱家要是占了便宜，岂不让乡里乡亲耻笑吗？于是也让了三尺，两家人最终化干戈为玉帛。这里，就成了现在安徽桐城市非常著名的旅游景点——六尺巷。

第二个故事发生在明朝时期，有个名叫谢逑的人，被老百姓称为大善人。关于他的史料不多，但从只言片语的记录中可以看出，他是一个很有涵养，道德高尚，乐善好施，厌恶计较的人。

据说有一次，他的邻居侵占了他家的地盘，他却不管不问，更没有制止。别人背后就议论："这也太傻了吧！连自己家的东西都看不住！"谢述却淡然地回应说："他能占得了地，占不了天吧？"看到这儿，您可能也认为，谢述这个"大善人"当过头了吧！连自己的基本权益都不去维护吗？可是，后来发生的一件事，却会让我们重新审视自己的判断。

一次，谢述家准备回填一个大池塘来修建房屋，乡里乡亲知道后就主动自带工具和干粮，免费当苦劳力，只用了三天工夫，就帮助谢述完成了地基工程。据说，每天干活的多达上千人，而且很多人都互不相识！

> 尝室塘为基，乡人裹粮而赴，日以千计，曾莫详其姓名，三日而基成。

这说明什么？人心都是肉长的，是会感恩的。谢述为什么有如此之大的号召力，就是因为他在别人困难的时候，无私地给予他人帮助。在别人鬼迷心窍损害自己利益的时候，他不是公然反击，而是用实际行动来感化对方。这些其实大家都看在眼里，记在心里，等到谢述有需要大家"回馈"的时候，大家自然会义无反顾、毫不犹豫地前来报恩。所以后来，谢述活到了75岁的高龄，而且子孙很多身居高官，家族兴旺，老百姓都说这全都是谢述积的"大德"，好人有好报。当然，从唯物主义的角度来讲，这不是因果报应，而是体现了我们常说的品行。

第三个故事发生在东汉光武帝建武年间，有一名博士名叫甄宇。这里的“博士”指的是官职。从汉武帝开始，就设置有五经学博士，专门传授经学。博士虽然位列九卿，但地位不高，每年的俸禄只有六百石，和县令的待遇差不多。但是，能被拜为“博士”的可不是一般人，都是在研究五经方面的杰出专家，甄宇当时对《春秋》很有见解，所以就被拜为“博士”

光武帝刘秀是一个很尊师重道的帝王，他知道这些“博士”专心学术研究很清贫，于是每年到腊月的时候，就会给这些“博士”每人分一头活羊。但问题来了，羊的大小不一样，胖瘦也不一样，要做到公平公正，这羊该怎么分呢？于是，这些老学究凑在一起研究分羊方案，有人提议：“把羊全杀了再分！”也有人提议：“咱抓阄吧？”甄宇听后，笑着摇摇头，他决定不参与他们的分羊计划，而是径直走进羊群中，挑了一只最小最瘦的羊默默地离开了。其他人都惊呆了，也不再争执，而是面面相觑、自叹不如！

后来这件事传到了刘秀的耳朵里，刘秀大为赞赏，还特意问“瘦羊博士”在哪儿？自此，“瘦羊博士”就成了甄宇的雅称。各位，克己让人的觉悟的确不是每个人都有的，但是能拥有这种觉悟的人，绝非一般人，他的心胸该是多么的宽广、博大！

三个小故事，说格局、说品性、说觉悟，其实说到底，这些思想层面的东西，决定着你怎么看待这个世界和你的生活。你微笑，生活对你微笑；你龇牙咧嘴，生活必会对你龇牙咧嘴。但是生活不是战场，不需要和人一决高下。所以有些事，需忍勿怒，海阔天空；有些人，需让勿究，生活依旧美好。这其实就是古人最朴素的吃亏哲学吧！

媳妇和妈同时掉到水里，看古人会先救谁

“我和你妈同时掉到水里，你先救谁？”

这是一道要命的题！怎么回答考验男方的情商。而对于这种亲情和爱情与婆媳关系的问题，古人也表示很为难，但他们却用实际行动给出了答案。

春秋战国时期，郑庄公去世之后，几个儿子直接抢皇位，最终让公子突坐上了，他就是后来的郑厉公。可是郑厉公执政后却发现，自己只是一个名誉董事长，说啥啥不算！那谁说了算呢？就是把持朝政的权臣祭足。祭足当年深得郑庄公的信任，现在作为元老重臣，自然也是位高权重，但郑厉公不愿意当他的提线木偶，所以，他就开始密谋要除掉这只事业上的拦路虎。

可问题来了，谁能做打虎英雄？郑厉公翻开花名册一看，

甲乙丙丁，竟然都是祭足的嫡系，好失败啊！他正在惆怅，终于在花名册最底下一行发现了一个自己人——雍纠。

但是使用雍纠，郑厉公心里也不踏实，虽然说雍纠也算自己的一个铁杆盟友，但是雍纠还有一个身份，他是祭足的女婿。这可如何是好？郑厉公实在没有啥办法，眼下无人可用，只能铤而走险。于是就秘密召见雍纠，密谋“打虎”行动。

雍纠也算忠心，两人商量出了一个“A计划”，具体就是让雍纠以祭足女婿的身份，以孝敬为名在城外包一个小别墅，暗藏伏兵，宴请自己的老丈人。等老丈人羊入虎口，就让他叫天天不应，叫地地不灵，直接给宰了。当然，郑厉公也给雍纠许诺“A计划”成功之后，就让他在家数钱玩！

两个人相谈甚欢，又在脑海演练了一遍又一遍，认为计划天衣无缝，只待实施！为了犒劳自己的聪明才智和机智勇敢，他们决定先开怀畅饮，预祝“A计划”成功。结果却悲剧了！

想想身边喝醉的人，都有些什么状态。有的人特别嗜睡，有的人喜怒无常、大哭大闹，最可怕的就是有的人嘴不把门，变成话痨，啥都乱说。雍纠这个“猪队友”，就是一个嘴不把门的家伙。回到家之后，头脑一热，就跟媳妇雍姬得意地说：“你老公要干一件惊天动地的大事，事成了以后你就在家陪我数钱玩！”

媳妇一听很高兴啊，终于要当阔太太了，就赶紧追问他是啥大事还迷糊着的雍纠就把要谋杀老丈人的计划一五一十地全给抖了出来！媳妇雍姬听完惊呆了！背后一阵阵发凉，就拍打老公的脸说：“你要刺杀谁！他是你老丈人、我爹，你赶紧长点心吧！”可是，这个时候雍纠已经睡得跟死猪一样了！

忐忑不安的雍姬彻夜难眠，这边是她最爱的男人，那边是生她养她的男人，她该怎么做呢？第二天，拿不定主意的雍姬赶紧跑回娘家，问了她娘一个问题：“妈，你说父亲和老公，谁更重要？”她娘的回答是：“人尽夫也，父一而已，胡可比也？”她娘的意思就是说，任何男子都可能成为一个女人的丈夫，而父亲只有一个，这怎么能比呢？雍姬表情坚定地点点头，最终，她决定出卖自己的老公，把老公的“A计划”全讲给了自己的老爹。

祭足听后大吃一惊，“小兔崽子，真是翅膀硬了！你不仁，休怪我不义”，就决定先下手为强，直接来到雍纠的家，抹了雍纠的脖子。消息很快就传到了郑厉公的耳朵里，郑厉公先是惊愕，继而转为悲愤，恶狠狠地说：“谋及妇人，宜其死也！”就是说，雍纠啊雍纠，你真是活该啊！这事咋能跟你媳妇说呢！

可面对这样的结局，雍姬无疑是最大的受害者，谁能懂她选择过程的百转千回和内心的煎熬与不安。

还有，大家上学时读过的《孔雀东南飞》，这首诗讲述的是一个爱情故事！

东汉末年的建安时期，刘兰芝虽然是一个小户人家的孩子，但是善弹琴、能诗文，很有才情，而且也勤快、懂礼节。后来，她跟在庐江郡府做小吏的焦仲卿结婚，婚后的生活因为焦仲卿属于异地履职，所以夫妻俩聚少离多，刘兰芝就承担起照顾公婆的职责。

婆媳矛盾自古就有，有的婆婆就是不喜欢儿媳妇，没有理由，就是不喜欢！刘兰芝命不好，就遇到了这种婆婆，虽然她一天到晚都在忙里忙外，为整个家操劳，但总得不到婆婆的认可。刘兰芝很委屈，就给老公写了一封信诉苦。老公焦仲卿就请了几天假，回家去调和矛盾，请求自己的母亲不要太为难媳妇，谁料焦仲卿母亲更生气了，看儿媳更不顺眼了，就非要儿子休掉刘兰芝。

焦仲卿从小到大一直都很顺从母亲。现在，是要继续保护媳妇，还是要顺从老娘？这是个两难的问题！

还好，焦仲卿说："今若遣此妇，终老不复娶。"话虽很绝，但终究胳膊拧不过大腿！焦仲卿还是把媳妇刘兰芝送回了娘家。

但是焦仲卿依然对刘兰芝做出“誓天不相负”的承诺。他给媳妇说:“你先回娘家，我回去上班，等过一段时间，妈消气了，我就接你回来!”

可是刘兰芝等不起!她回娘家之后，不是县令就是太守，这些官员隔三岔五派人给自己儿子来提亲，因为刘兰芝还惦记着焦仲卿回来接她，所以都拒绝了!但是刘兰芝的哥哥很不高兴，刘兰芝一直住在哥嫂家，时间一长，她也左右为难，最终也只好向现实妥协，听从了哥哥的安排，同意嫁给太守家的儿子。此后整天以泪洗面!

这边焦仲卿也得到消息了，又赶紧请假回来，可是他依然没有能力接自己的媳妇回家。两个有情人相见，泪眼婆娑，刘兰芝一一诉说原委，焦仲卿提及当日誓言，却谁都无力改变一切，二人只好相约“黄泉下相见”。

这一天，迎亲的车队很热闹，但刘兰芝的心没有泛起一点涟漪。热闹是属于别人的，只有孤独、无助、委屈属于自己。黄昏后人群渐渐散去，刘兰芝揽裙投水自尽。焦仲卿告别母亲徘徊树下，最后自缢殉情。

对于焦仲卿而言，一边是妻子，一边是母亲，他只有无力感，任何人的诉求他都无法满足。他能做的，只能是结束自己的生命。

其实，“媳妇和妈同时掉到水里先救谁”是一个考验人性的问题！问题应该是如何对媳妇尽一个丈夫的责任，如何对老妈尽一个儿子的责任。如果你做到了，媳妇会夸你是个好老公，老妈也会夸你是个好儿子！

历史证明，宁愿得罪君子，千万别得罪小人

现实生活中我们常说："宁可得罪君子，也千万别得罪小人。"因为君子最起码坦坦荡荡，小人那可真就没有底线了。历史上有很多好人被小人坑惨的例子。

根据《左传》记载，春秋时期有一个小国——邾国，历史上的影响很小，但是它有一任国君名气很大，名叫邾庄公。因为他的死因太奇葩，所以留下了记录！

一个寒冬，邾庄公来了兴致，约自己的一个宠臣夷射姑围着炉子吃着火锅唱着歌，二人相谈甚欢，频频举杯，开怀畅饮。大家应该都有经验，酒喝多了，肚子自然是装不下的，必须去释放一下。于是，夷射姑就跟邾庄公说："失陪一会儿，得去解个手。"夷射姑走出宴会招待大厅，准备找个卫生间，去解决个人

问题。可刚走出大厅，门口看门的小哥就上来拦住夷射姑，想讨要一些美酒和肉解解馋。夷射姑平常一直待人很温和，这回真是内急，脾气就上来了：“我要去卫生间，你挡住我的去路，想让我尿裤子吗？”于是非常粗鲁地拒绝了，可是小哥太馋了，就死死拽住夷射姑的衣服不撒手，气得夷射姑顺手抄起一根棍棒打了他几下！小哥终于撒了手，可由此心生怨气，凭什么你们在里面吃香的喝辣的，我就得在这寒冷的冬夜为你们守门，现在还挨了打！小哥越想越气，可是又没办法，人家是大官，是宠臣。自己一个看门的能怎么样！心里这个憋屈啊！不行，小哥心里想着，一定得找机会报复。

终于，第二年快开春，小哥想到了一个报复夷射姑的好办法，叫做“借刀杀人”。这把刀就是邾庄公。因为邾庄公有重度的洁癖，还是个完美主义者，所以他的宫室从来都是一尘不染，一切都要安排恰当。小哥正是利用这一点制订了计划。

一次，他看见邾庄公走出招待大厅，就故意往大厅外的走廊浇水，还不住地摇头。邾庄公看见了，很生气：“浇这么多水干啥？湿漉漉的还全是泥。”小哥赶紧回话：“去年冬天，夷射姑在这个地方撒过尿，冲了很多遍了，还是有一点味道！”邾庄公一听，赶紧捂着鼻子，

邾子在门台，临廷。阍以瓶水沃廷，邾子望见之，怒。阍曰：『夷射姑旋焉。』

夷射姑太不像话了，竟然敢在这撒尿，吃了熊心豹子胆？于是郲庄公怒火中烧，就派人要捉拿夷射姑。

这边夷射姑提前得到风声，逃跑了！郲庄公当时已经回房休息了，听到消息后火冒三丈，直接从床上跳下来，声称要千刀万剐了夷射姑。可是从床上跳下来的时候不小心，正好跳到了取暖的炭盆里，结果自己大面积烧伤，最终医治无效，永远地闭上了眼睛。

> 命执之，弗得，滋怒，自投于床，废于炉炭，烂，遂卒。

郲庄公也由此成了因为一泡尿而送命的君王。不过，大家有没有想过夷射姑到底有没有在走廊外撒尿呢，史书没有记载，当然也不重要。重要的是，小哥的阴谋得逞了，他报仇了！

还有一个小故事。在古代，有一种官职，官位虽然不高，但是常伴在帝王的左右，很吃香！有时候这些帝王会把他们的话当成金科玉律，对他们言听计从。这官职就是占梦官，直白点说，就是解梦人。

春秋战国时期的卫国国君卫庄公很信这套，晚上做了梦，第二天赶紧找占梦官算一算，政务上做的决策，也都让占梦官给算一算，占卜一下吉凶。所以，占梦官虽然官职不大，份量却很重。卫庄公身边这个占梦官在专业技术方面挺厉害，据说算得挺准，但是在人品方面不是太端正。他在宫里还有一个朋友，官职也不太高，喜欢东拉西扯、占点小便宜，但很会为卫庄公办事，所以深得卫庄公的信任。一天，这个人跑到大臣太叔僖子的家里一阵闲聊之后，切入正题，他知道太叔僖子的家里藏有好酒，就想讨要几坛拿回去喝，可是太叔僖子也嗜酒如命，并且对此人全无好感，就直接生硬地回绝了。这人很生气，你瞧不起我啊！我跟你没完！然后愤恨地拍屁股走人了。

回到家之后，他就想着如何给太叔僖子一些颜色看看。两人地位悬殊，想使个绊子确实也不容易，但是，小人总有小人的招数，很快，他想到了自己这个占梦官朋友，于是两个人就勾结上了。有一天，卫庄公开会讨论人事问题，问占梦官的意见，占梦官就说了："您有个大臣站在朝廷的西南角落，需要尽快把他赶走，否则后患无穷，甚至会伤害到您。"这个西南角落正是太叔僖子的位置。太叔僖子忠心耿耿怎么会后患无穷呢？很简单，这正是占梦官和那个小人商量的计谋，假借占卜实施打击报复。可因为卫庄公对此深信不疑，所以，这占卜的最终解释权就全在占梦官这里。结果卫庄公果真下了驱逐令，把太叔僖子驱逐出境。

两则小故事都以小人的计谋得逞告终。这其实给我们提了个醒：尤其要防备那些品性不是太正的人。毕竟老话讲得好，害人之心不可有，防人之心不可无。但有一点，我们要坚信，就算小人一时得逞，那顶多也是秋后的蚂蚱，蹦跶不了几天！

历史上那些豪言壮语，说过的人为啥都爱忘

历史上，有很多名人说过很多豪言壮语，我们听后，就像打了鸡血，浑身起满鸡皮疙瘩！一副生当做人杰，死亦为鬼雄的气魄。

比如，当听到“王侯将相宁有种乎？”是不是觉得，咱也应该有当领导做老板的命啊？凭什么现在混这个样子！当听到“我劝天公重抖擞，不拘一格降人才”，虽然有些感叹命运的不公，会失落，但是仍然坚信自己是一颗未发芽的种子，仍然坚信是金子总会发光。客观的说，在特定的时刻，这些豪言壮语，为我们注入了强大的动力，激励着、鼓励着不甘平凡的自己。

但是很奇怪，有些说过这些豪言壮语的人似乎也只是说说而已，因为他们可能也不相信自己说过的话。比如，说“王侯

将相宁有种乎”的陈胜。

陈胜吴广起义这个故事大伙都比较清楚。当时陈胜和吴广被征调前往守卫渔阳，也就是现在北京密云西南方向，当他们路过安徽大泽乡的时候，赶上下大雨发洪水，路都塌了。按当时的规定，未按期到达目的地，无论什么原因一律杀头。现在看，除非坐现代化交通工具能按时到达，光靠两条腿，根本就没有希望！所有的人都意识到了即将到来的命运，气氛很压抑，眼神透着无助和无奈！此时，不甘平庸的陈胜站了出来，他和吴广就在密谋，“反，是死，不反也是死！不如反了！”于是，他喊出了那句振聋发聩的口号“王侯将相宁有种乎”！这口号一出，令广大贫苦大众如梦初醒，积极响应，于是，我们所熟知的大泽乡起义爆发了。陈胜、吴广也确实很勇猛，很快就建立了张楚政权，陈胜自立为王。

说到这里，大伙有没有考虑过一个问题，就是为什么陈胜会发出“王侯将相宁有种乎”的声音？这就让我们把时间往回倒几年。那一年，陈胜还在地主家干活，但他这个打工仔心气很高，而且很有英雄气概，很不甘心被人呼来喝去。有一个非常著名的对话是这样的：这天，陈胜和工友终于干完一天的农活，可以放松休息了，陈胜就跟工友一起侃大山，聊理想说未来，畅谈自己的满腔抱负。陈胜还对工友们说：“兄弟们，咱们将来无论谁富贵了，都不能忘记咱们一起奋斗过的这些兄弟啊！”原文就是“苟富贵，勿相忘”。当时就有一个工友怼他，说咱都是泥腿子，富贵在哪呢？陈胜撇撇嘴说道：“燕雀安知鸿鹄之志哉”！也就是说，在这个时期，他已经在自己的内心，种下了一颗不甘平凡的种子，起义让这颗种子破土而出，而且越长越大。

但是，富贵之后的陈胜，也得了贵人多忘事的病！早早就把自己提倡的那句“苟富贵，勿相忘”抛在了脑后。因为陈胜起义影响很大、反响强烈，很多劳苦大众都前来追随，其中就包括曾经跟他在地主家打工的一个兄弟，这兄弟心心念念陈胜曾说的“苟富贵，勿相忘”，满脑子在幻想，陈胜一定会盛情款待自己，甚至还给自己封个一官半职什么的。

但是，现实却是冰冷的，他千里迢迢从老家赶来投奔陈胜，结果连大门都进不去，最后还是赶上陈胜外出，他赶紧拦下车队，这才见到了老乡陈胜。起初，陈胜看见自己的老朋友，那也是老乡见老乡两眼泪汪汪，很是亲切。但是他这个老乡，实在是太没有眼色，还口无遮拦、没大没小，严重影响陈胜的公众形象！于是，陈胜就动了杀念，找了借口就直接将这个投奔自己的老乡给杀掉了。什么苟富贵，勿相忘，我说过吗？

后来，因为利益分配不均，钩心斗角、内讧不断，结果陈胜竟然让自己的车夫把自己干掉了，也是醉了！

当然，历史上除了陈胜之外还有一位，将自己当年的豪言壮语随着一阵风忘记在脑后。他就是龚自珍。他那一句“我劝天公重抖擞，不拘一格降人才”，确实激励了很多人！但是，龚自珍树立完这么一个充满正能量，充满公正正义的人设之后，就开始了他的B面人生！他的B面竟然是吃喝嫖赌样样在行。我们就要问了，龚自珍对“人才”的定义偏差到底有多大？

先说逛青楼，当然，客观地说，即使到了晚清，青楼里的女子大都很有才情，琴棋书画无不精通！很多文人雅士逛青楼，多是去寻找精神伴侣，谈谈情、说说爱、吟诗作词。所以，首先我们应该坚信，龚自珍逛青楼是赴精神约会的，但是逛青楼毕竟不是什么正经爱好！而且他又是青楼的常客，所以，风言风语也就在所难免。

除了逛青楼，赌博更是龚自珍人生中重要的事情。有一种说法是龚自珍的时间，除了写诗和逛青楼，剩下的都奉献给了赌博大业。可是，这么爱赌博，他却没有“赌神”的命，而成了逢赌必输的“赌棍”。结果，祖上的家产基本上都被他败光了。

另外，关于龚自珍的死亡，也是非常传奇的。一说，龚自珍和有夫之妇、大才女顾太清非常暧昧，结果被顾太清的丈夫发现，直接下毒把他干掉了。还有一种说法是龚自珍晚年爱上了一个私娼，叫灵萧，但灵萧脚踏两只船，另有所爱。有一天龚自珍在灵萧的家里发现了这个情敌，就逼着灵萧跟那男的分手，灵萧虽然满口答应，可是后来龚自珍又在灵萧的家里碰见了那个男的。龚自珍很生气，就给了灵萧一包毒药，让她放在酒里杀了这个情敌。但是，谁料想，灵萧竟然将毒酒给了龚自珍，结果他就一命呜呼了！反正，在野史里龚自珍是因为红颜而送命的。所以，试问一下，这种“人才”，哪个朝代敢破格重用?

真有『弱不禁风』的军队

明朝后期的腐败真是触目惊心。军队花名册上在编一万人，实际最多只有六千人，军官吃四千人的空饷都算清廉的。而在册的士兵日子也不好过，军饷粮食经常被克扣。

明末战将卢象升刚当总督的时候，想提升士气检阅部队，没想到的是士兵们列阵没多久，竟然纷纷倒地。卢总督赶紧上前查看，此时已入深秋，寒风凛冽，而他的士兵大都穿着单衣，光着脚，面色蜡黄。卢总督不禁潸然泪下。要知道，这支部队在明军中也算精锐，却禁不起一场寒风。

人脸稿纸

宋朝最喜欢在犯人脸上刺字，《水浒传》中宋江、林冲等人都被刺过字。但如果字刺错了，咋整啊？那就悲催了。有一位名叫陆东的官员判了一个案子，犯人依律流放，这没有毛病，关键是他在犯人脸上刺的字是“特刺配某州牢城”，就闹了笑话。

“特”这个字的意思是本不该这么干，但因为某种原因而破例这么干。而这个案子的犯人本就该被流放，所以刺这个“特”就违背了事实。后来陆东知道自己闹笑话了，就命人重新刺字，把“特刺”二字改成“条准”。倒霉的犯人犯了一次罪，却被刺了两遍字。

再后来，有人推荐陆东升官，上级一听他的名字，就说：“知道知道，就是那位在犯人脸上打草稿的人。”于是，坚决不予提拔！

图书在版编目（CIP）数据

趣谈中国史／赵大汉著．—北京：中国法制出版社，2020.8

ISBN 978-7-5216-1160-1

Ⅰ．①趣…　Ⅱ．①赵…　Ⅲ．①中国历史－通俗读物

Ⅳ．① K209

中国版本图书馆 CIP 数据核字（2020）第 110562 号

责任编辑：李　佳（amberlee2014@126.com）

刘冰清

装帧设计：高　瓦

趣谈中国史

QUTAN ZHONGGUOSHI

著者／赵大汉

经销／新华书店

印刷／北京华联印刷有限公司

开本／880 毫米 ×1230 毫米　32 开　　印张／7　字数／120 千

版次／2020 年 8 月第 1 版　　2020 年 8 月第 1 次印刷

中国法制出版社出版

书号 ISBN 978-7-5216-1160-1　　定价：39.80 元

北京西单横二条 2 号　邮政编码 100031　　传真：010-66031119

网址：http://www.zgfzs.com　　**编辑部电话：010-66053217**

市场营销部电话：010-66033393　　**邮购部电话：010-66033288**

（如有印装质量问题，请与本社印务部联系调换。电话：010-66032926）